図解

眠れなくなるほど面白い

ヤバい風水

風水師
愛新覚羅ゆうはん

日本文芸社

はじめに

「風水」と聞くと、「流派が色々ありそう」「間取りとかあって難しそう」と、試してみる前から匙《さじ》を投げてしまう人もいらっしゃると思います。でも実は風水も時代とともに進化しています。風水の歴史や伝統にならっていくことは大切ですが、21世紀の今、古代中国で生まれた風水思想がこれからの未来に通用するかを常に検討していかなければなりません。

もともと古代の風水は、地勢を活かした地理風水に始まり、後は国づくりのために、そして攻めと守りを考え軍事的にも活用されてきました。私はこうした風水の基本的な思想はぶれさせずに時代や風土に合わせて、古いものをよりよく進化させていくことが大切だと考えています。
本書では日本独自の家相思想をとり入れつつも、間取りなどを気にせず今の家で誰にでも簡単にできる風水＋開運習慣をとり揃えました。一つ、二つ、三つと今できることから実践していきましょう。情報をインプットしたら行動・実践することで少しずつアウトプットをしていくこと、これを繰り返し、積み重ねていくことで必ず運は啓《ひら》けていきます。

愛新覚羅　ゆうはん

第3章 仕事運を上げる

第4章 健康運・美容運を上げる

第5章 恋愛運を上げる

第6章 家庭運を上げる

第7章　「開運風水」をさらに生かすための心得

第1章

なぜ風水で開運できるの？

ヤバい風水とは？

「最近運が悪い」「気持ちが落ち込む」といった様々なお悩みをお持ちの方は、まずは自分の家の環境を見直してみて。もしかしたら、知らないうちに運気を下げる〝ヤバい風水〟を行っている可能性があります。〝風水〟と聞くと難しく考える人もいますが、古来中国から伝わる智慧《ちえ》にもとづいた心地よい環境を作るための方法です。そして、環境とは人の潜在意識まで影響を及ぼし人生を変えていきます。風水は運を啓《ひら》くために非常に有効なのです。

風水の実践で本当に運がよくなる？

風水は「環境学」でもあります。部屋を掃除して整えることは、自分の意識もクリアにしていきます。そして意識がクリアになれば、前向きな気持ちや正しい選択力、行動力が自然と湧いてくるようになります。また、運気をアップするためには心の土台を安定させることが必要ですが、そのために五感が心地よい空間を作ることは非常に重要です。心地よさや幸福感を常に感じ、自らの〝気〟が整うことで、強運体質になっていけるのです。

人生の「攻め」にも「守り」にも使える

風水は古代中国の国を守るための思想であり環境学です。古来、中国は他国や他民族からの侵略に常に脅かされていました。そんな中で自国を守り、そして他国を攻めていくために考え抜かれて作られたものなのです。だからこそ風水は〝攻め〟にも〝守り〟にも非常に有効。人生で新たな挑戦をしていきたいときや発展を目指す〝攻め〟に、逆に社内や家庭内の平和と安全を願う〝守り〟に、壮大な学問である風水の力を上手に使ってみてください。

風水のベースである「陰陽五行説」とは？

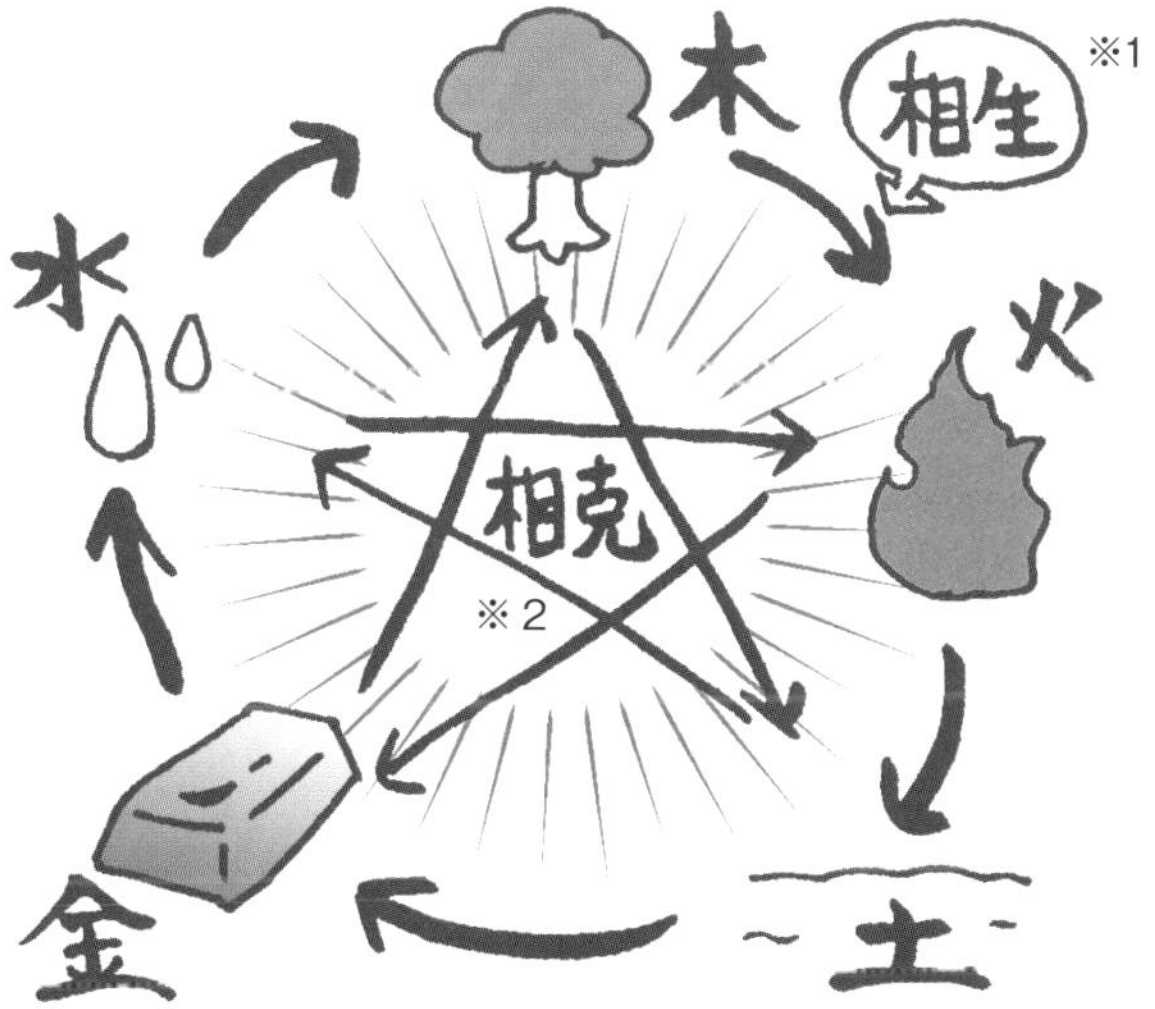

※1　相生《そうしょう》　木から火、火から土、土から金、金から水、水から木が生ずるということ。
※2　相克《そうこく》　木は土に、土は水に、水は火に、火は金に、金は木に勝つこと。

風水といえば、「木は火を生じ、火は土を生じ、土は金を生じ、金は水を生じ、水は木を生ず」という森羅万象の成り立ちを表した『陰陽五行説』が大変有名です。私はこれを「気質」として風水にとり入れています。「気」は目に見えないエネルギーのようなものですが、実は人ももものもこの「気」を発し、互いに影響し合っています。風水はこの見えない「気」に注目し、エネルギーの種類や相性を見ていくものなのです。

「家相・気学」とは日本の家屋、文化、歴史から誕生

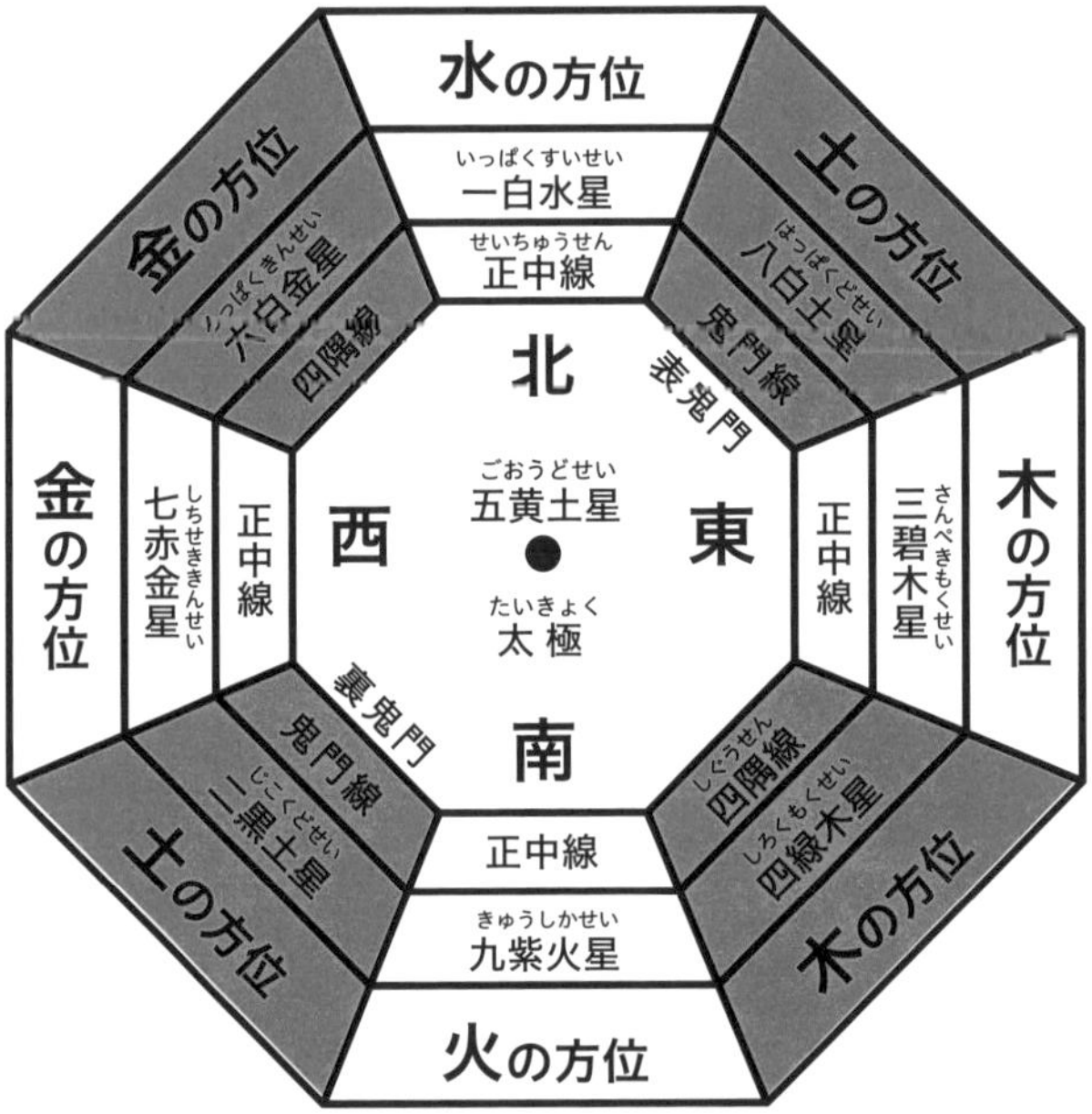

日本では仏教とともに古代中国風水が伝来しました。そして唐の長安をモデルに天武天皇、持統天皇は「藤原京」をつくり、時を経て平城京、平安京が生まれます。その後、「家相」という日本独自の文化が生まれました。「家相」は中国伝来の風水とは異なり、畳を使った日本独自の家屋、文化、歴史、暮らし、時代に合わせて変化したものです。みなさんが手軽に家の方位を図りたいときは、八方位を見る「家相盤」がおすすめです。

悪い部分を相殺することができる「化殺風水」とは？

殺気（悪い部分）がある土地や建物の形を「形殺《けいさつ》」と言いますが、形殺に対して陰陽五行の性質を組み合わせてパワーを弱めたり、強めたりする方法を「化殺《かさつ》風水」と言います。化殺風水のアイテムとして有名なのが、八卦鏡《はっけきょう》。この他、水晶やめのうなどの天然石、炭やお香など、龍、ロングイなど神獣の置物なども使われます。ただし、置きすぎもよくないので心地よく感じられるアイテムを一つか二つくらいとり入れましょう。

風水プチ知識

を生かしていくには？

情報やコミュニケーションなど目に見えないものが世界を動かしていく

風水に関しては長い歴史の中でずっと、風の〝気〟や木の〝気〟など、〝気〟の流れの研究がされてきました。自然のエネルギーがどう流れ、どう活かせばよいかを読んできたのです。

西洋占星術で現在は「風の時代」と言われています。〝風〟は、天から吹いてくる、目に見えないものです。だから、今の時代、重要となってくることは目に見えないことが多いのです。例えば世界中を混乱させた新型コロナウィルスなども、その一つですね。その他、情報やコミュニケーションなども、今の時代のキーワードですが、目に見えません。一方でいきなり流れを変える風のように、スピーディーに物事が動く時代なので、タイミングを掴《つか》めば、いきなり大成功することもあります。風水の力を大いに活用できる時代だともいえるでしょう。

COLUMN

「風の時代」の今、風水

風のようにスピーディーに行動していく

では今の時代どう動いたらよいかというと、大切なのは「止まらないこと」。どんどん行動していったほうが運を呼び込めます。風水的にも、家の中によい風を通していくことが大事。まめに換気して、家の中の"気"を滞らせないことが大事です。また、自分自身にも新しい風を入れることが大事。興味があることがあったら始めてみたり、気の向くままに旅行に行ってみたり、自由の扉を開け放って、風の時代を楽しんでいきましょう。

第2章

金運を上げる

ヤバい玄関

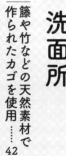

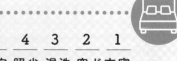

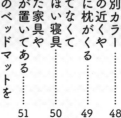

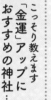

玄関

1

ヤバい!

玄関の流れを変える方角別カラー

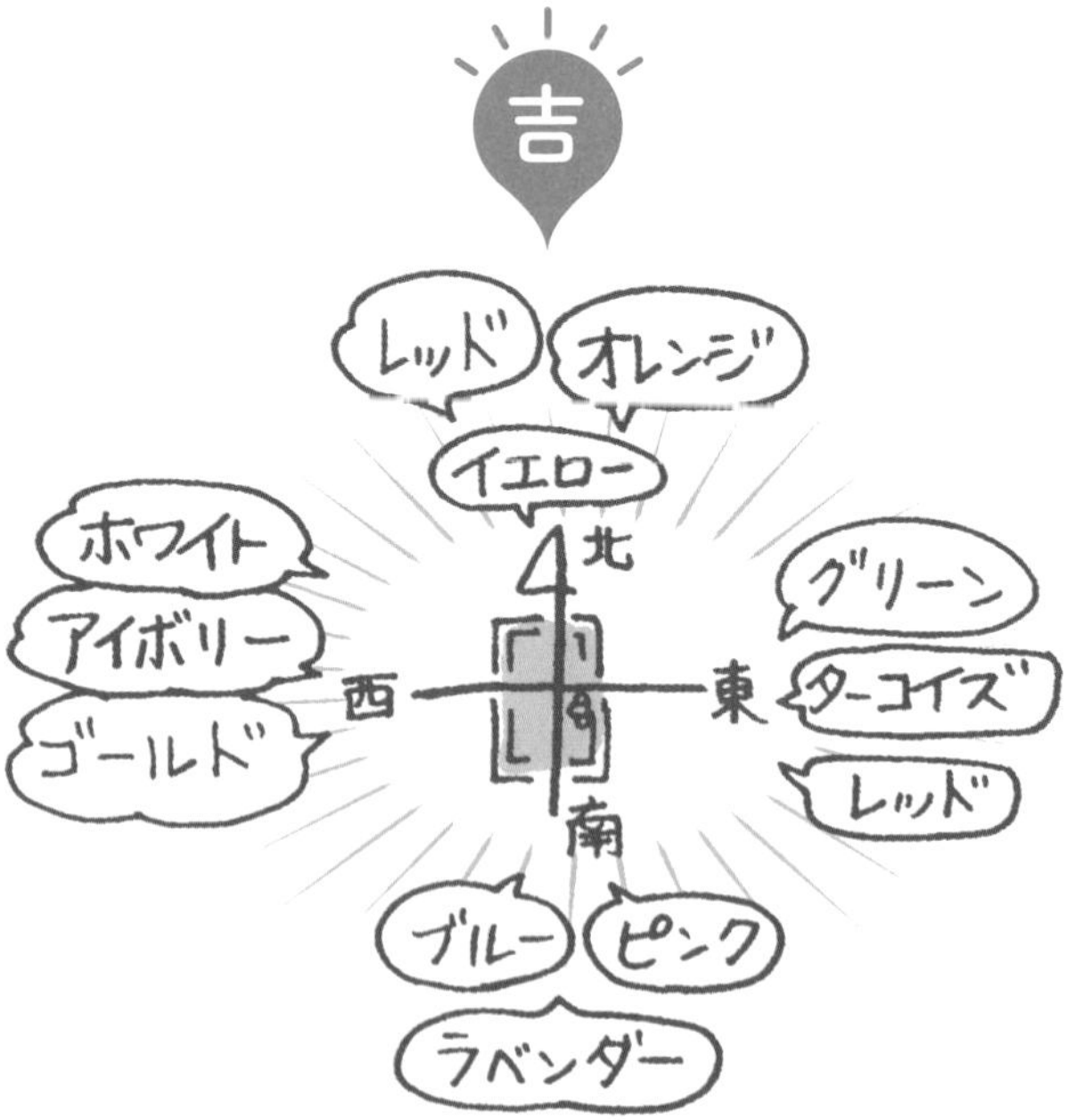

お金の通り道とも言われ、金運アップに欠かせない玄関。風水では、方位別にそのエネルギーをサポートしたり、ガードしたりするラッキーカラーがあるので、ぜひとり入れてみてください。北側の玄関は「レッド、オレンジ、イエロー」、南側の玄関は、「ブルー、ピンク、ラベンダー」、東側の玄関は「グリーン、ターコイズブルー、レッド」、西側の玄関は、「ホワイト、アイボリー、ゴールド」がおすすめです。

玄関
2

ヤバい!

陰の気が集まる北側玄関に黒っぽいインテリア

吉　温かい「陽」のエネルギーを追加

北側の玄関は「陰」のエネルギーが強いため、収入が滞る傾向があり、そこに黒やグレーなどのダークトーンのインテリアを使うことで「陰」の気を増長させてしまいます。

北側の玄関は、太陽を感じさせるレッド・イエロー・オレンジなどの玄関マットやスリッパ、雑貨などでコーディネートするとよいでしょう。照明もなるべく明るいものを使うようにして、温かい「陽」のエネルギーを補いましょう。

玄関

3

ヤバい!

たたきを掃除していない

玄関が金運上昇に大事なのは、外と内をつなげる最初の入り口だからです。中でもたたきは靴底についてきた砂や部屋の中のホコリなどが溜まりやすい場所なので、まめに掃除する必要があります。靴やバッグは使わないときは収納するようにして、砂ボコリやゴミは定期的に掃くようにしましょう。さらにたたきは水拭きをすると浄化されて、お金の神様がやってきやすくなります。スッキリきれいな玄関で、運の通り道を作りましょう。

吉 玄関のたたきはいつもきれいに

スッキリ
水拭きして
スッキリ

玄関

4

ヤバい!

玄関を入って正面に鏡がある

吉

玄関を入って左側に鏡をセット

玄関を入って目の前に全身を映す鏡を置くのは風水的にはNG！　なぜなら、正面の鏡は悪い気（邪気）だけでなく良い気（旺気《おうき》）も跳ね返してしまうからです。ただ、鏡自体はどんな方角の玄関でも積極的に置いてほしいアイテムです。上手に活用するポイントは、玄関を入って左側に鏡を置くこと。玄関を入ったときに人が映らないような角度で設置するようにしましょう。風水アイテムの中でも有名な「八卦鏡《はっけきょう》」を置くのもよいです。

玄関

5

ヤバい!

ごちゃごちゃいろいろ飾ってある

吉　水晶や水を感じるインテリア

様々なテイストの小物で飾った玄関は、落ち着きがなくなり運の出入りを妨げてしまいます。なにか飾るなら明るく輝くものがおすすめ。光を反射するライトや水晶などの天然石のクラスターなどを一つか二つ置くのもよいでしょう。また、グラスアートや透明感のあるガラス小物、シェルなど、水を感じさせるインテリアもおすすめです。お手入れをすることができるのであれば小さな水槽を置くのも良い気を呼び込みます。

ヤバい！

窓がなく、なんとなく薄暗い

吉 光をイメージする写真やポストカード

マンションやアパートなどでは窓のない玄関というのも多いと思います。さらにもともとの照明が薄暗い場合、どこか寂しさを感じさせる「陰」の気が強い玄関になってしまいます。ただ、そんな玄関でも照明を明るくしたり、追加すれば大丈夫。金運アップのためには丸みのある照明がおすすめです。照明が替えられない場合には、空や太陽の降り注ぐ風景など、光をイメージする写真やポストカードを飾るのもよい方法です。

玄関
7

ヤバい!
ゴシック調の雑貨を飾っている

吉 誰もが心地よい空間づくりを

玄関は家の顔であり、その人を表す鏡のようなものです。ドクロやゴシック調のダークな雰囲気のインテリアが好みという人もいますが、玄関に飾るのはおすすめできません。玄関は様々なお客さまをお迎えする場所で家族みんなが使う場所なので、風水的には自然の光が降り注ぎ、風通しがよく、余計なものが置かれていないことが理想です。ものを置くならサンキャッチャーや風景写真など明るさを感じさせるものがおすすめです。

ヤバい!

趣味の道具やおもちゃが散らばっている

サッカーボールやスケートボード、釣りの道具など、趣味の道具の置き場所が玄関になってしまっているご家庭をたまにお見かけします。こうした玄関は運気が遊びの方向に偏ってしまう傾向があります。すべての運気は玄関から入ってくるので、遊びのエネルギーが家の中を流れ、仕事などに向かなくなってしまうのです。物置や収納BOXなどを用意して、趣味の道具は使い終わったらきちんとしまうように習慣づけましょう。

吉

趣味の道具はきちんとしまう

トイレ
1

ヤバい!
トイレの流れを変える方角別カラー

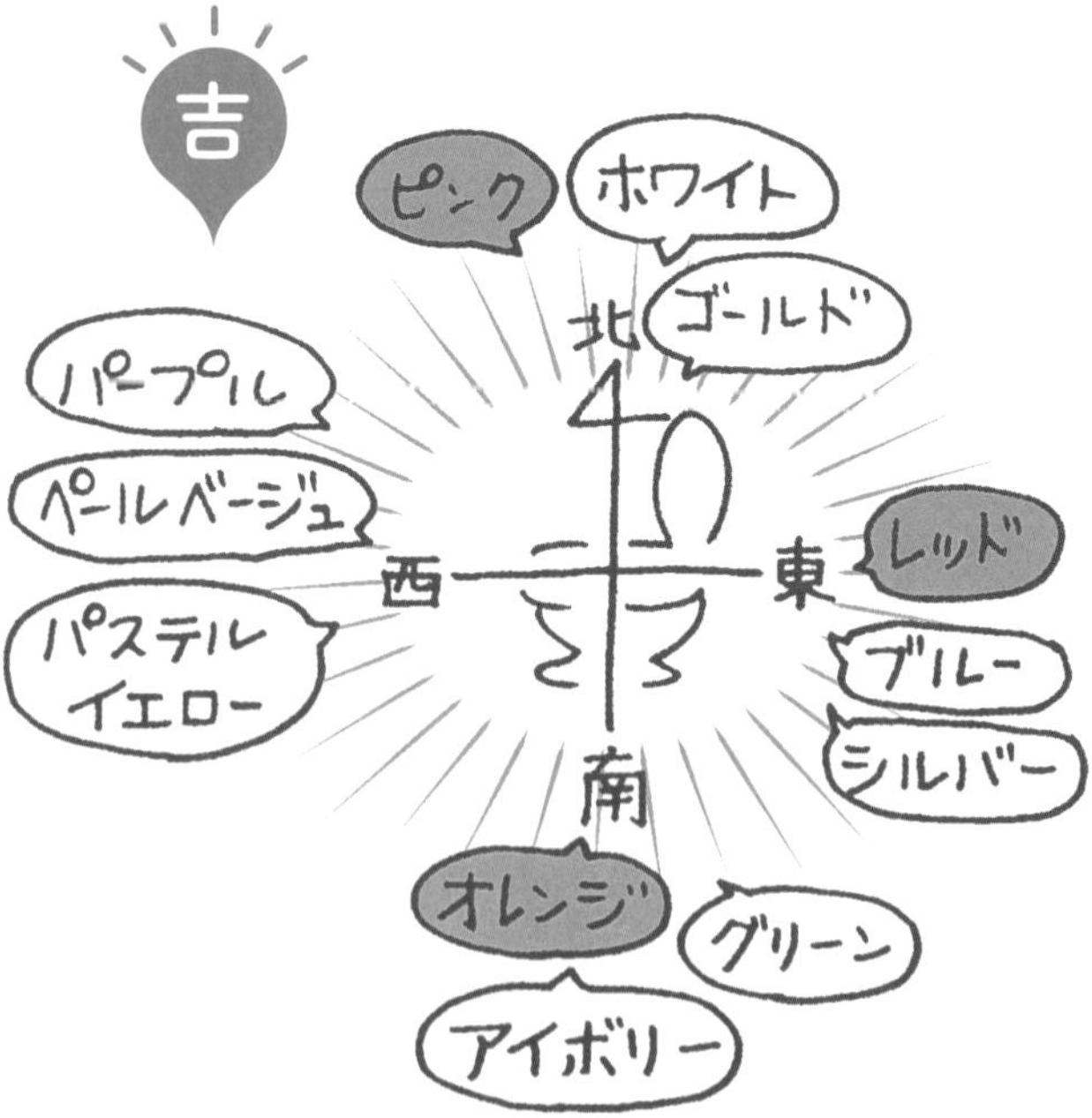

トイレは玄関の次に金運アップに大切な場所。トイレの方位別のラッキーカラーを上手にとり入れましょう。北側のトイレは「隠」を弱め、「陽」を高める「ピンク、ホワイト、ゴールド」、南側なら「陽」のエネルギーを活かす「オレンジ、グリーン、アイボリー」、東側なら発展を促す「レッド、ブルー、シルバー」、西側なら散財を防ぐ「パープル、ペールベージュ、パステルイエロー」などがおすすめです。

トイレ
2

ヤバい！
トイレにニオイがこもっている

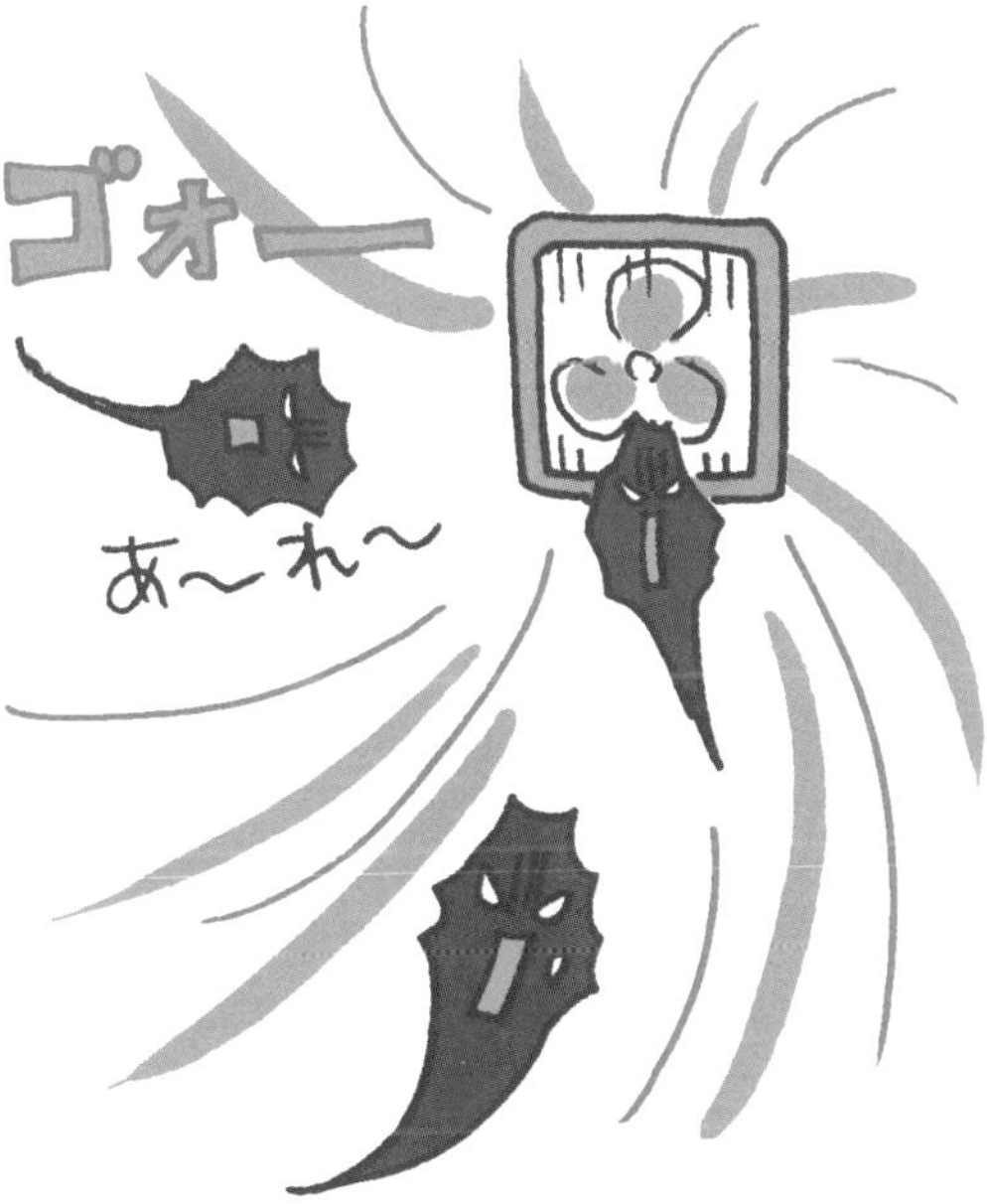

吉
換気に気をつけて風通しよく

トイレは排泄《はいせつ》の場なのでニオイはつきものです。ただニオイが充満した状態だと、金運アップを邪魔することがあります。そのためにまず大事なのは「換気」と「掃除」。窓を開けて風通しのよい状態を保ち、まめにお掃除することを心がけましょう。マンションなどでトイレに窓がない場合は、気の通りが十分でなく悪い気が溜まりやすいので要注意。電気代などはかかりますが、換気扇は24時間つけっぱなしのほうがベターです。

トイレ

3

ヤバい!

汚れた壁紙や暗い壁紙で薄暗い印象

吉 暖色系の写真で「陽」の気をプラス

水が常に溜まっていて湿気が高く、排泄の場であることから、もともとトイレは「陰」の気が強い場所です。汚れた壁や暗い壁紙は、そんな「陰」の気を増長させてしまいます。壁の汚れは拭き掃除で落としておきましょう。また、暗い壁紙でも張り替えるのが難しいときは、暖色系の花や、夕日や紅葉など暖色系の風景などの写真を飾るのもおすすめです。写真を飾る時はホコリがつかないように、フォトフレームに入れるとよいでしょう。

トイレ
4

ヤバい!

トイレでスマホを見たり、本を読む

吉

トイレに長居しない

トイレで用を足すときに、スマホやマンガなどを持っていってゆっくり過ごすという方がたまにいらっしゃいますが、これは金運のためにはすぐにやめたほうがよい行為。排泄物を流すトイレは「陰」の気が強い場所。そんな場所に長くいれば、それだけ「陰」の気を吸収してしまうので、滞在時間は短くしたほうがよいのです。マンガや書籍などの紙は湿気を帯びやすいので、こうしたものを置くことでさらに悪い気が強くなります。

トイレ 5

ヤバい！

湿気が多くジメジメしている

吉 炭を置いてニオイ対策

湿気やニオイが気になるトイレは換気するのが一番ですが、「炭」を置くのもおすすめです。炭は、細孔から湿気を吸収してくれるので、除湿効果があります。特に「竹炭」は除湿効果が高く、無数に空いた気孔でニオイの原因も吸収してくれるそうです。人工的なものではないため、半永久的に使えてコストパフォーマンスも抜群。天日干しをすることで、湿気や消臭の効果がリセットされ、環境的にもすぐれたエコなアイテムです。

トイレ 6

ヤバい!

マットやスリッパを使っていない

吉

マットやスリッパで悪い気をガード

清掃がラクということから、トイレにマットを敷いていないというお宅がありますが、トイレにはマットを置くようにしましょう。トイレは湿気が溜まりやすい場所で湿気は下へ下へと下りていく性質がありますが、これを良い気に変えてくれるのがマットとスリッパなのです。マットやスリッパを置いていないと、下からくる悪い気をトイレを使った人が吸収しやすくなってしまいます。足元からの冷えを防ぐためにも有効です。

トイレ

7

ヤバい！

ふたを開けっぱなしにしている

吉 使ったらふたを閉める

トイレを使用したあとに、面倒だからといってふたを開けっぱなしにしておく人がいますが、これはやめてください。開けっぱなしにしていると、便器の中の邪気がトイレ中に放出され、家全体の運気がダウンしてしまいます。また、ふたを開けっぱなしにして水を流すと、その汚れた水しぶきと一緒にばい菌が飛び散ってしまうので、衛生的にもよくありません。家族みんなでトイレを使ったらふたを閉める習慣を身につけましょう。

浴室

1

ヤバい!

排水口にゴミが詰まり、流れていかない

吉

排水口はまめにお掃除を

髪の毛や石けんカスなどのゴミが溜まる排水口は、浴槽でも汚れが溜まりやすい場所。排水口にゴミなどが溜まったままの状態だとニオイや詰まりの原因に。そこから生じる悪い気が判断力を鈍らせたり、お金の流れを悪くするので要注意です。普段から髪の毛をとったり、汚れを落としたりしてすっきりさせておきましょう。排水口の入り口に髪の毛やゴミをキャッチする排水口ネットをかぶせて、それごと捨てるようにするとラクです。

浴室 2

ヤバい! 剃刀が置いてある

ムダ毛のお手入れのためにシェイバーなどの刃物をバスルームに置いているというケースをよく見かけます。ただ、風水では刃物類は本来「切る」ものなので、出会い運や仕事上でのお付き合いなどよい縁も切るという意味を持ちます。仕事上のご縁が切れてしまえば、金運も滞りそう。シェイバーなどの刃物は、使うときだけ持ち込むか、バスルームに置くならボックスなどに入れて刃の部分がむき出しにならないようにしましょう。

吉 刃物は使うときだけ持ち込む

ヤバい!

お風呂のお湯を替えていない

吉　ブルーやグリーンの入浴剤が吉

節約のためにお風呂のお湯を替えるのは2日に1回というお宅もありますが、風水的にはおすすめできません。お風呂は皮脂や垢《あか》といった物理的な汚れだけでなく、体に溜まった悪い運気を洗い流してくれる場所なので、清潔であることがまず重要なのです。入浴剤を入れるなら、広大な海をイメージさせるブルーや爽やかな森林を感じさせるグリーンがおすすめ。香りと色に癒されてリラックスすることでお金のめぐりもよくなります。

浴室
4

ヤバい!

あまり洗っていないバスマット

バスマットは、風水的に邪気や厄などの悪い気を払い退ける働きがあります。そんなバスマットがいつも湿っぽい、汚れているといった状態だと、本来の役割を果たしてくれないことに。まめに洗うのが大変だったら、珪藻土《けいそうど》のバスマットもおすすめです。珪藻土は植物性プランクトンが化石化したもので、乾きが早く、洗う必要もありません。湿気や水気をよせつけないその性質は、貯蓄運アップにつながります。

吉 珪藻土のバスマットで貯蓄運をアップ

浴室
5

ヤバい！

カビやヌメリのあるバスルーム

吉　バスタブは磨いてツヤツヤに

日々の疲れや汚れを流すバスルームは心身を浄化する場所。そんなバスルームがカビやヌメリで汚れているのはＮＧ。バスタブも常にお掃除してピカピカの状態にしておくことが運気アップのためには大切です。最後にお風呂のお湯を流すのと一緒に洗剤でササっと洗い、最後に水分を拭き取るようにすると、バスタブはもちろん浴槽全体の湿気も防げます。燻煙《くんえん》式のカビを防げる薬剤などを使うのもよい方法です。

ヤバい!

籐や竹などの天然素材で作られたカゴを使用

吉

陶器やプラスチックの器に

洗面台の周囲に置く器や雑貨に籐《とう》や竹などの天然素材のものを使っていると、見た目にはおしゃれに見えますよね。ただ、こうした収納は編み目にホコリが溜まりやすかったり、湿気を含みやすかったりして風水的にはおすすめできません。洗面台に置く器や雑貨は、陶器やプラスチックのほうがよいです。汚れたらまめに洗ったり、拭いたりして清潔さを保ちましょう。運気アップのためにはガラス製品もおすすめです。

キッチン 1

ヤバい!

冷蔵庫がごちゃごちゃしている

吉

冷蔵庫をキレイに整頓

食べ物は「金」の気、冷蔵庫は「水」の気を持っています。そして金は水によって増えると言われています。買いすぎたものや作り置きしたものが溢《あふ》れてなにがあるかわからなくなっているような冷蔵庫は、悪い気が生まれ、「金」の気が増えるのを妨げます。浪費癖がついたり、金銭トラブルにまきこまれてしまうことも。冷蔵庫のものは、賞味期限を確認したり、保存品には日付を入れるなどして、常に使いやすく整頓しておきましょう。

キッチン 2

ヤバい!

生ごみを三角コーナーにためる

生ごみを三角コーナーに置きっぱなしにしている状態だと、その生ごみから嫌なニオイやぬめりが発生し、悪い気の原因になります。生ごみは出たらすぐに捨てるのがおすすめ。ゴミ箱はニオイをシャットダウンするような、ふた付きを選びましょう。また、特に夏場はふた付きゴミ箱でも開けたときにニオイがもれることがあります。小さなビニールやお菓子や食品の袋に生ゴミを入れて口をしばって捨てるとニオイも気にならなくなります。

吉 生ごみはすぐに捨ててすっきり

キッチン 3

ヤバい！

汚れた食器をためている

吉

使った食器はすぐに洗う

忙しいから、まとめて洗ったほうがラクだからと、汚れた食器をためておくことはありませんか？ 汚れた食器がシンクに置きっぱなしだと衛生的によくないばかりかキッチン全体の運気もダウン。また、洗浄後の食器を水切りラックに入れっぱなしもＮＧ。乾いたら食器棚に戻しましょう。こうした状態が続くと無駄な出費が増える傾向があります。食器は食べたらすぐに洗い、シンクの中はすっきり清潔に保ちましょう。

キッチン 4

ヤバい！

まな板が汚れている

毎日使うまな板は清潔に保つことが基本。洗剤で洗う他、熱湯をかけたり、食品用のアルコールで消毒したり、こまめにお手入れを行いましょう。汚れたまな板は衛生的によくないのはもちろん、食材のエネルギーも失われてしまいます。そしてできればプラスチックより木のまな板を使うように。おすすめは消臭効果も高い「ヒバ素材」です。木のまな板には「水」と「火」という相反する要素を中和してくれる働きがあります。

吉 木製のまな板を使い、いつも清潔に

キッチン
5

ヤバい！
キッチンマットを使っていない

お掃除しにくいからとキッチンマットを使っていないというお宅もありますが、風水的にはあったほうがよいです。もともとキッチンは食材が落ちたり油が跳ねたりで、汚れやすい場所です。キッチンマットを敷いていないと、そうした汚れがスリッパの裏などについて部屋中に広がってしまうこともあります。汚れ＝悪い気のもとなのでよいことではありません。金運アップを狙うなら、キッチンマットはイエロー系やブラウン系が吉です。

吉
キッチンマットは黄色や茶色系が吉

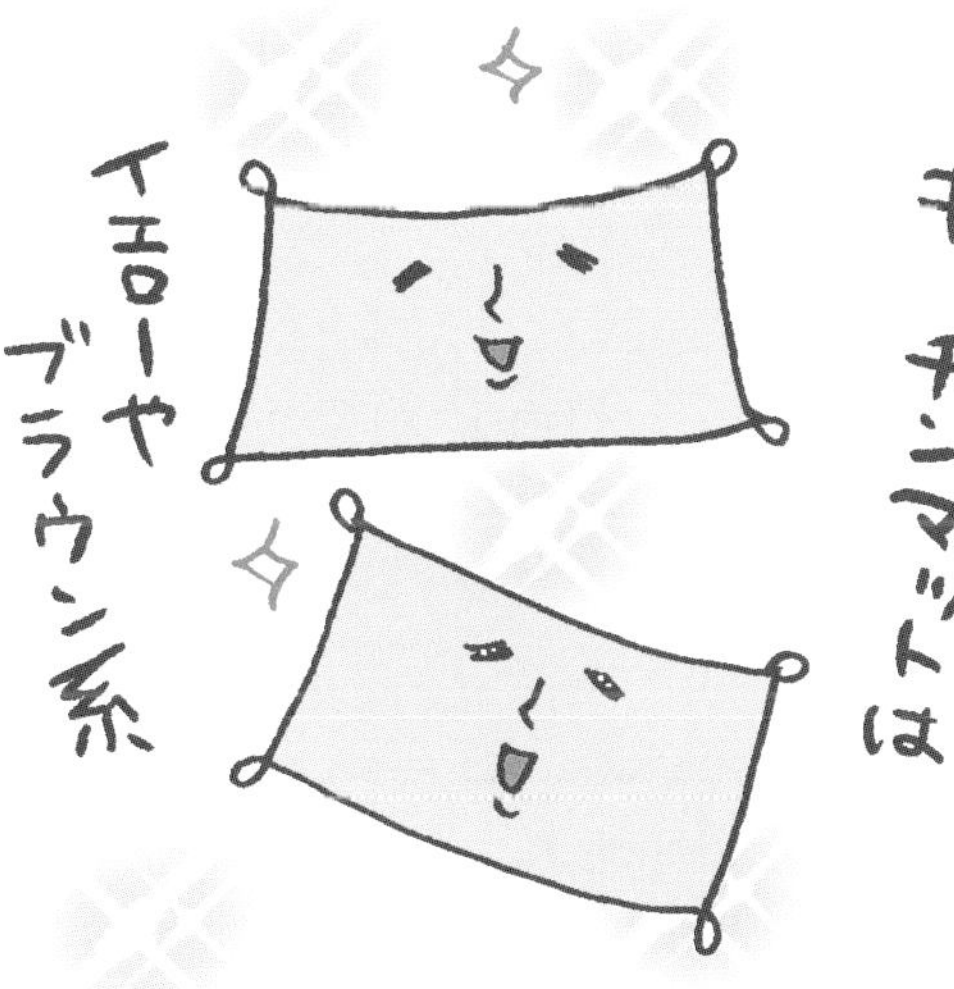
キッチンマットは
イエローやブラウン系

寝室

1

ヤバい!

寝室の流れを変える方角別ラッキーカラー

寝室で一番吉の方角は北側です。カーテンやカバー、ラグなどを選ぶときのおすすめカラーは「ベージュ、アイボリー」。光沢のある素材を使うとより効果を発揮します。一方で一番凶相なのが落ち着かない「火」の気を持つ南側。それを弱めるためには「グリーン、ダークパープル」がよいでしょう。その他、東側の寝室には「ブルー、ホワイト」、西側の寝室には「イエロー、ブラウン」などがおすすめのカラーです。

寝室 2

ヤバい!

ドアの近くや窓下に枕がくる

吉 枕の位置は北、北東、北西に

寝る場所では落ち着けることがまず大事です。ドアのそばや窓の下に枕がくるようなベッドの配置は、落ち着かず健康的にトラブルが起こりやすい傾向が……。健康運は金銭運に直結するので要注意です。枕の位置は、北、北西、北東の間に収まるのがベスト。北からの「水」の気で心身が浄化されます。どうしても枕のそばに窓がきてしまう場合は、厚手のカーテンやブラインドカーテンなどを利用して区切りを作りましょう。

ヤバい！ 洗ってなくて湿っぽい寝具

吉 綿・麻素材を使い、まめに洗う

最近いつ寝具を洗いましたか？ ジトーっと湿ったしばらく洗っていないシーツやカバーは、寝ているときの汗だけではなく、悪い気をたくさん吸収しています。一方、きちんと洗いたてのシーツは、あなたの中のマイナスのエネルギーを吸いとってくれてよい睡眠に導いてくれます。寝具は乾きも早く汗もしっかり吸収してくれる、綿・麻素材がおすすめ。肌ざわりが心地よいものを選ぶとよいでしょう。

寝室
4

ヤバい!
尖った家具や照明が置いてある

吉
角が丸い家具がおすすめ

角や先端が尖《とが》っているものは、風水では「尖角《せんかく》」と言い、殺気を発しているものと考えます。逆に円形の椅子やマット、角が丸いベッドフレームなど、「角」に曲線が使われている「角丸」はお金との相性がよいデザインです。土台が金属で作られたベッドも金運とは相性がよいと言われています。色味は白やアイボリーなど、明るめで清潔感があるものに。色を統一させるとより落ち着いた印象に部屋がまとまります。

ヤバい! 安物のベッドマットを使っている

吉 ベッドマットはよいものを使う

ベッドはそこで一日の疲れをとり、英気を養う、いわば体の充電器のような場所です。中でも疲れがとれるかを大きく左右するのが、ベッドマットです。低価格のベッドマットレスの場合、体が沈みすぎて腰に負担がかかったり、寝心地がよくなかったりするものが多いです。疲れがとれないと活動力が衰え、金運も滞りやすくなります。バスマットなどの大物家具は捨てるのも大変なので、最初から上質なものを選ぶようにしましょう。

ヤバい!

通帳や保険の証書などを置きっぱなしに

吉 お金関係は暗く静かなところに保管する

北西のクローゼット
静かな所が好き♡

金属、特にゴールドは地中深くで何年もかけて蓄積していきます。そのため、お金関係のものは暗く静かなところと相性がよいのです。逆に人目につく場所や、騒がしい場所はNG。通帳、印鑑、株券、権利書など、お金や財産に関わるようなものは、クローゼットや引き出しなどの暗く静かな場所にまとめて保管しておきましょう。金庫を持っている人は、北西のクローゼットや引き出しなどに置いて、時々換気をするようにしましょう。

収納
2

ヤバい!

収納スペースがかび臭い

吉 湿気取りや防虫剤を置いて、カビを予防

クローゼットや引き出しを開けてみて、「カビ臭い」ときには要注意! 一度カビ臭くなってしまうと、クローゼット全体の服を洗ったり、クリーニングに出さなくてはならなくなり大変です。カビが生えた湿気の多いクローゼットは「陰」気を発し、その空間のみならず、そこにしまってあるものの運気までをも奪ってしまいます。週に1回はクローゼットの中に風を通すほか、湿気取りや防虫剤を置いて、カビを予防しましょう。

収納
3

ヤバい！

服がぎっしりクローゼットにつまっている

服やバッグなどがぎゅうぎゅうに入っていて、通気性が確保されていないクローゼットは、「陰」の気が充満しています。もともとクローゼットは服や小物の出し入れをするとき以外は扉がしまっているので、通気性がよくはありません。そのうえ、洋服と洋服の間に全くすき間がない場合、湿気や悪い気がこもりやすくなります。服は適正な量に減らして、30分くらいでよいので週に一度は窓を開けて空気を循環させるようにしましょう。

吉　服は適正な量をキープ

収納
4

ヤバい!

10年前の着ていない服を何着も持っている

高かったから捨てられない、いつか着るかもしれないから捨てられないと言う理由で、何年も前の服をそのままとっておく人がいます。でも、2～3年以上使っていないものは今すぐ処分を。人間は代謝が悪くなると体調を崩しますよね。タンスの肥やし状態の服は、運気の代謝を滞らせてしまいます。今の自分に必要か、トレンドと大きくかけ離れていないか、着ていて心地よいかなどを考え、いらないものを整理しましょう。

吉 2～3年以上着ていない服は処分を

ヤバい!

クリーニングの袋ごと収納している

吉　クリーニング後はビニールから出す

クリーニングから洋服が戻ってきたときに、服が汚れないようにとビニールをつけっぱなしにしておく人がいますが、そのまま保管するとビニールの中に湿気が溜まります。カビや黄ばみの原因にもなりますし、運気も奪われます。洋服は定期的に使って、洗濯して干すことがクローゼットを気持ちよく保つためにも大事です。また、布団などを圧縮袋に入れたままにしておくと、ダニの温床になることがあるのでおすすめできません。

風水プチ知識

「金運」アップにおすすめの神社

ご縁をつなぎ 人脈運をアップ「龍神」

神社には伊勢信仰（神明信仰）、八幡信仰など、系統があります。ここではどんな系統の神社が金運アップに関わりがあるのかをご紹介します。まず、筆頭に挙げられるのが「龍神」が祭られている神社。「龍神」とは神獣の一種で、金運や仕事運を上げ、ご縁をつなぎ人脈運をアップさせてくれる絶大なパワーを持つ存在です。龍神は自然の「気」のエネルギーそのもの。私のまわりでも、龍神とつながり、成功を収めた人が続々と出てきています。

COLUMN

こっそり教えます

「弁財天」と「宇賀福神」も財運と関わりが深い

七福神の紅一点として人気の高い「弁財天《べんざいてん》」も金運アップと関わりのある神様。弁財天は音楽や技芸文芸などの才能の女神で、才能を開花させ財を生み出す神様です。最後に紹介する「宇賀福神《うがふくじん》」は生産と五穀豊穣の神。財をもたらす福神として信仰されてきました。そして、なによりも金運上昇に欠かせないのは、こうした神々やまわりの人や環境、自然に感謝し前向きな心をもつこと。感謝の心がけが金運を上昇させてくれるでしょう。

第3章

仕事運を上げる

ヤバい 玄関

ヤバい トイレ

ヤバい リビング

ヤバい 寝室

COLUMN 風水プチ知識

玄関

1

ヤバい!

玄関マットを敷いていない

吉 綿や麻素材の玄関マット

風水的に運気を高めるために重要なアイテムとなるのが「玄関マット」です。実は人の悪い気は足裏から出ていくと言われています。そして玄関で靴を脱いで家に入る際に、その足裏が最初に触れるのが玄関マットです。だからこそ、風水的にはぜひ玄関マットを置くようにしてください。玄関マットを用意するとき一番よいのは綿や麻などの天然素材で作られたもの。そして玄関マットはまめに洗濯していつも清潔にしておくことが大切です。

玄関
2

ヤバい!

靴が汚れたり、穴があいている

吉
穴があいた靴は捨てて、きれいに維持を

外で仕事をするときに欠かせない「靴」は仕事運向上のために大事なアイテム。穴が空いているものや、靴底の減りがひどいもの、流行遅れのものなどは、運気を鈍らせるので、潔く処分しましょう。靴箱にしまってある靴も、汚れていないか、カビなどがついていないかなど、定期的にチェックを。さらに靴箱は狭くて、湿気がこもりやすく、なおかつ靴のニオイもつきやすい場所なので、除湿剤・防臭剤などを置いたり、時々靴を出してお掃除するようにしましょう。

ヤバい！

玄関に傘を出しっぱなしにしている

先端が鋭利な形になっていて、邪気を家に持ち込む原因にもなる傘は「陰」の気を発しやすいものです。一番よいのは帰宅したときに傘の水分を拭き取って片付けることですが、面倒なので傘立てを置いているお宅が多いと思います。傘立てに置く場合、傘の先端が見えるスケルトンタイプの傘立てはＮＧ。ボックス式など尖った傘の先が隠れる傘立てに収納します。傘はなるべく必要最低限の本数にすることも大切です。

吉 傘はボックスに入れて収納

玄関
4

ヤバい！
ベビーカー、自転車などを玄関に置いている

吉
車輪のあるものを置かない

ベビーカーや三輪車などを玄関に置いているというお宅も多いと思いますが、実は車輪のあるものは「不安定な運気を呼び込み、問題を起こしやすくなる」という傾向を持っていて、仕事などのトラブルにも影響してきます。できればお庭やベランダなどに置く場所を作って、玄関には置かないようにすることをおすすめします。他に置き場所がない場合は、布などを被《かぶ》せて車輪が見えないようにしておきましょう。

ヤバい!

マットやカバーに黒を使っている

吉 ターコイズブルーやグリーンがおすすめ

トイレに「ブラック」や「グレー」はできれば避けたほうがよいです。もともと「陰」の気が溜まりやすいトイレにさらに悪い気が集まりやすくなるからです。おすすめは淡いグリーンやグリーンに近いターコイズブルー。木を表す緑色は「陽」を表すとされ、「陰」の気を和らげてくれます。緑色は目にやさしくリラックス効果もあるカラー。タオルやマット、サニタリーボックスなどをグリーン系にして爽やかな印象にまとめましょう。

トイレ 2

ヤバい!

カレンダーを置いている

吉 カレンダーはリビングや仕事部屋に

トイレにカレンダーを飾るのは「よくない」とされています。用を足すための場所であるトイレはどうしても「陰」の気がこもりやすくなります。そんな場所に未来の予定を書き込んでいくカレンダーを置くことで、運気が悪い方向にすすんでしまうと考えられているのです。仕事の予定も書き込むことで、仕事でトラブルが起きたり、上司とのコミュニケーションがうまくいかなくなったりする恐れも……。カレンダーを置くなら、活気のあるリビングや仕事部屋がよいでしょう。

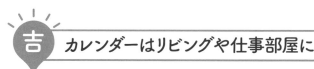

リビング
1

ヤバい!
モノトーン系の無機質なインテリア

黒と白ですっきりまとめられたモノトーン系のインテリア。都会的でスタイリッシュなのでお好みの方もいらっしゃると思います。ただ、風水的に見るとモノトーンカラーは「陰」の気が強く、運気を下げるものとされています。仕事運を上げたいならリビングは天然の木材を使った家具や木のぬくもりが感じられるフローリングなど、ウッディなインテリアがおすすめ。自然からのパワーをもらうことで、対人関係にも調和が生まれてきます。

吉
自然を感じるウッディなインテリア

リビング 2

ヤバい!

枯れた植物が置きっぱなし

吉 上へ伸びる植物を置いて出世運アップ

枯れた観葉植物を置くのは家に死骸があるようなもの。悪い気を発するのですぐに処分しましょう。出世運を考えるのであれば、上に上にと縦に伸びるような植物がおすすめ。特にミリオンバンブーは風水的に縁起が良く、「陽」の気を持つ観葉植物として古くから愛されてきました。ただし、一つだけ注意が必要。自分より背丈が高い植物は自分の運気を吸いとってしまうと言われています。背が高くなりすぎないか調べておくとよいでしょう。

ヤバい!

ダークな印象のインテリア

グレーや茶色系のダークトーンのインテリアは大人っぽく落ち着いた印象に見えて素敵です。ただ、転職を考えているときはやる気を与えてくれるようなパワーのある色味が欲しいところです。転機は「始まり」を意味し、始まりを表す方角とは太陽が昇る東です。そして東にピッタリのカラーが「レッド」。クッションやカバー、小物などで、部屋の3割くらいにレッドを使うと行動力や活力、決断力がアップします。

吉

転職を考えているなら部分的に赤を使う

リビング 4

ヤバい!

モダンで先鋭的なデザインの照明

吉

円形の照明やシャンデリア

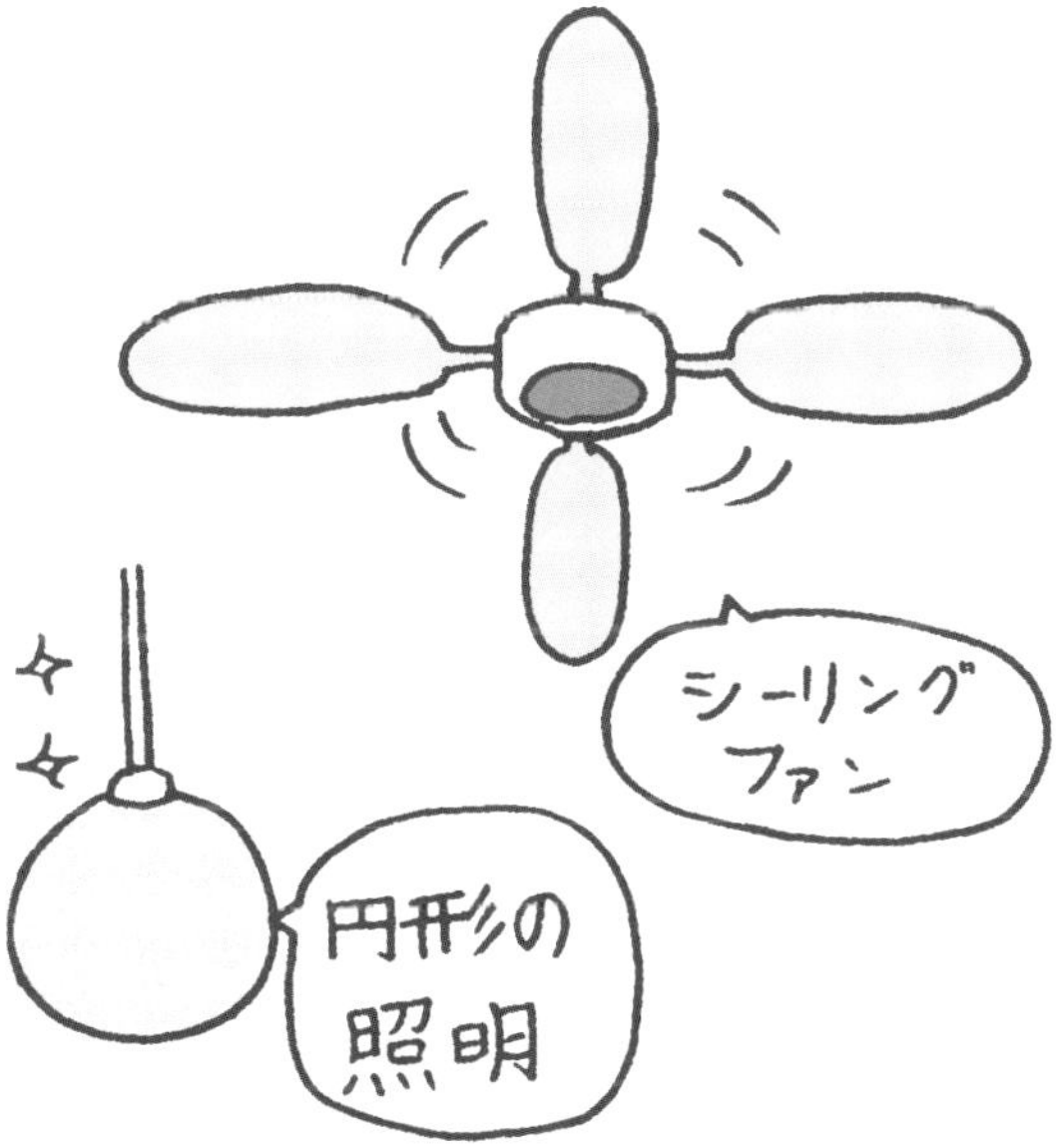

風水では尖ったものは殺気を生じさせるとされています。モダンで先鋭的なデザインの照明はスタイリッシュな印象を部屋に与えてくれるのですが、風水的に見ると全体的に丸みを帯びたデザインを選ぶことをおすすめします。円形の照明や部屋を明るくするとともに空気を大きく動かすシーリングファン、光を反射させることで部屋全体を華やかに見せてくれるクリスタルのシャンデリアなどが運気を高めてくれます。

寝室

1

ヤバい!

いつもベッドがぐちゃぐちゃ

朝いつも時間がなくて、ベッドの上は布団や脱いだパジャマが散乱している……といったことはよくあるケースですが、寝室に悪い気を集めてしまうので、気をつけるようにしましょう。ベッドを整えることには「運気を切り替える」という意味もあり、仕事運にツキをもたらしてくれます。またシーツや布団をきちんと整えることで、脳も休息モードから活動モードへと移り変わり、体にもスイッチが入ります。

吉 ベッドを整えて朝のスイッチをオンに

寝室

2

ヤバい！

黒の枕&ベッドカバーを使っている

吉　上司との関係をよくするならパープル系

風水上では、黒は「陰」の気を持つと言われています。本来、体力を充電するはずのベッドに「陰」の気を持つカラーを使うことで、その人が持っている本来の運気を下げることがあるのです。そこでおすすめのカラーはというと、パープルやラベンダーなどの紫系。引き立て運がアップしたり、上司とのつながりが強化されます。また、枕は大きいほど上司からの引き立て運がアップするので、ホテルサイズに新調するのもよいですよ。

寝室

3

ヤバい！

枕のまわりに時計や眼鏡を置いている

目覚まし時計や本や眼鏡、スマホなどを枕のまわりに置いて寝ていませんか？　枕まわりにものを置くと頭と体がゆっくり休まらないので、枕まわりにはなにも置かずすっきりさせておくのが一番です。特にスマホは夜中に様々なアプリからの通知がバイブレーションで入ったりして、安眠妨害になるので別の部屋に置くか、サイレントに設定しておきましょう。質のよい睡眠が健康運を安定させ、仕事運を向上させます。

吉　枕のまわりになにも置かない

枕のまわりにない!!
zzz

寝室 4

ヤバい！

寝室にいろいろなものを飾っている

寝室をにぎやかに装飾しているお宅がありますが、仕事運的にはNG。寝室では全てを忘れてぐっすり熟睡できることが開運の鍵となります。ものが多すぎる寝室は、落ち着かないし、掃除もしにくくなります。ものを減らしたうえでなにか置くとしたらおすすめなのが馬の置物。馬は旺盛な生命力を象徴する動物で、事業運をアップさせると言われています。前足を上げて跳ねているようなポーズの馬だとさらに縁起がよいです。

吉

馬の置物は仕事運を向上させる

COLUMN

風水
プチ知識

オフィスまわりを整えて集中力アップ！

パソコン画面やデスクをすっきり整えて

会社勤めにしてもリモートワークにしても、日常の中で長く過ごすのが仕事を行うオフィス。仕事運をアップするオフィスまわりの整え方をご紹介します。まず、すぐに行えて効果的なのは、パソコンのデスクトップのフォルダを整理すること。ファイルやフォルダは整理して、すっきり見やすく整えましょう。またデスクの上に飲みかけのものを置いたりお菓子を置いたりするのもNG。デスクまわりはすっきり整えて。

鏡をデスクに置いて悪い気を跳ね返す

職場での悩みの一つが上司や同僚との人間関係。職場に苦手な人がいる、職場全体の「気」が悪くてストレスが溜まるといったときは、手の平サイズくらいの鏡をデスクに置いてみましょう。外枠はプラスチックや木材でもよいのですが、おすすめはガラスの枠がついたもの。鏡が悪い気や邪気を吸収、反射してはらってくれます。鏡を置く場所は顔が映らないように正面以外にするのがポイント。鏡の前にはものを置かないようにして。

第4章

健康運・美容運を上げる

ヤバい《ヤバい》トイレ

ヤバい洗面所

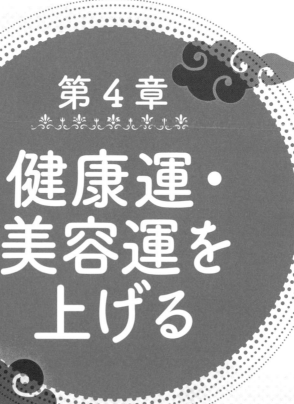

ヤバい浴室

ヤバいキッチン

ヤバいリビング

ヤバい寝室

ヤバい収納

COLUMN 風水プチ知識

トイレ 1

ヤバい!

窓がなく薄暗い印象のトイレ

マンションやアパートなどの集合住宅では窓のないトイレも多いと思います。さらにトイレの明かりが暗かったりすると、「陰」の気がこもりやすいトイレの気がますます低下してしまいます。おすすめは鏡をつけること。ただ置く場所に注意が必要で、なによりドアを開けて正面には鏡は掛けないでください。また便器は排泄の場所なので、便器が鏡に映ることも避けるようにしましょう。小さめの鏡を上のほうにかけるのがよいでしょう。

吉 小さめの鏡を上のほうに掛ける

トイレ 2

ヤバい!

トイレ用品が丸見えになっている

消臭スプレー、トイレの掃除道具、生理用品などを、むき出しの状態で置いておくのは、風水的にはよいことではありません。とはいっても、トイレで使うものはトイレに置いておきたいところですよね。それではどうすればよいのかというと、ガラスや陶器にトイレの入れ物類を入れること。表面が滑らかで光沢感があるガラスや陶器類は、トイレに溜まりやすい邪気を跳ね返す効果があるとされています。

吉 陶器やガラスの入れ物がおすすめ

ヤバい!

トイレが家のまん中にある

吉 便器のふたの裏のまん中に金色のシール

排泄物を流す場所で「陰」の気が強いトイレが家の中心か、中心に近い場所にある場合、悪い気が家の中を巡りやすくなります。そのため、疲れやすくなり、健康運がダウンすることも!? それを防ぐには、まずは、換気をしっかり行ったりまめに掃除することが大事です。またその他、便器のふたの裏のまん中に黄色や金色の丸いシールを貼る方法があります。トイレからの「陰」の気を抑え、無駄な浪費も抑える役割があります。

ヤバい！ 鏡が汚れている

洗面所の鏡をのぞき込むと、歯磨き粉が飛んだあとや、水アカ、脂などがいつもついている。そんな状態は要注意！　鏡から悪い気を発するようになってしまいます。顔を洗ったり、身支度をしたりするのに必要な洗面所の鏡。いつもピカピカにして、自分をさらに素敵にしてくれる状態にしておきたいですよね。きれいな状態の鏡は、美容面でもプラスに働き、お肌をツヤツヤで健やかにしてくれます。

吉 鏡をピカピカにして美容運アップ！

ヤバい!

洗濯ものがたくさん溜まっている

吉「洗濯」することで気の循環をスムーズに

洗面所のヤバい風水の中でも特に注意しなければいけないのが、汚れた洗濯物を溜めることです。共働き家庭が増えるにしたがって、洗濯は毎日しないで2〜3日ぶんをまとめて行う……という家族もあると思いますが、風水的にはおすすめできません。悪い気を放つ雑菌などが服に繁殖しやすくなりますし、洗濯機自体を動かすことが、運を動かすとされています。こまめに洗濯をすることで気の循環がよくなり、健康運もアップします。

洗面所
3

ヤバい!
洗面所でメイクをしている

吉
メイクは洗面所以外で

洗面台は大きな鏡と照明がついていて水もすぐ使えるから、顔を洗ったついでにメイクをしているという人もいますが、風水的にはNG。洗面所や浴室のように体をきれいにする場所は汚れを落とす「水」の気が多い場所ですが、逆にメイクは「火」の性質を持っています。美容運をアップさせたいのであれば、日当たりのよい部屋にドレッサーを置いてメイクすることをおすすめします。南向きでメイクできるようにするとさらに吉です。

洗面所
4

ヤバい！
使っていない古い化粧品などが多い

化粧品のサンプルや使わなくなったファンデーション、ピン止めや泡だてネットなど、気づくと古いもの、いらないものがたくさん溜まりがちな洗面所。引き出しを開けるとそういうものがどっさりという場合は、早めに処分しましょう。古くなったものは悪い気を発するようになり、美容運を下げてしまいます。新しい化粧品、気に入って使っているメイク用品などからは、良い気が吸収できて、肌の調子もよくなっていきます。

吉
使っていないものは捨て、新しいメイク用品から良い気を吸収

浴室 1

ヤバい!

お風呂場にアイテムがたくさん置いてある

吉 バスルームに置くものは最小限に

シャンプーや入浴剤、パックなどの美容アイテムなど、いろいろなものをお風呂場に置いていて、気づいたらお風呂場が雑然としていることはありませんか？　バスルームは狭い家のほうが多いもの。アイテムは最小限にするのが基本です。バスルームは湿気が多くカビが生えやすい場所なので、なるべく必要なものだけを置くようにして、さらにアイテム類は定期的にメンテナンスして清潔な状態をキープしましょう。

浴室

2

ヤバい!

シャワーだけですませている

節水やガス代節約のため、また忙しくて時間がないため、お風呂には入らずシャワーだけですませているという人がいます。ただ、風水的にはゆっくりと湯船に浸《つ》かることが重要とされています。お風呂に入るのはただ体の汚れを落とすためだけではありません。人の恨み、嫉妬などネガティブな想念を落とす場所でもあります。厄をしっかり落とすには、ゆっくりとお風呂に入るのがおすすめ。バスソルトなどを使うのもよいです。

吉

湯船につかって厄を落とす

吉 お風呂から出るときはふたをしめる

ヤバい!

お風呂のふたが開けっぱなし

お風呂の残り水をためておく習慣がある場合にお風呂のふたを開けっぱなしにしていませんか？ 風水では、流れていない水、止まっている水は、よくないものとされています。さらにふたを閉めていないことで、止まっている水の「陰」の気が空間に溢れ出します。お風呂の水はためないことが一番ですが、もしためている場合は必ずふたをしておくようにしましょう。お風呂から出る湿気でバスルームにカビが出るのも防ぐことができます。

浴室

4

ヤバい！

常にジメジメしている

吉 まめに窓を開けるか、換気扇をかけて

お風呂は湿気が多い場所ですが、湿気を放置しておくと病気を引き起こすことがあるカビの原因になるだけでなく、気が停滞して良い気が流れにくくなります。窓があればなるべくまめに開けて換気を行い、窓がない場合は換気扇を長くかけてカラッとした状態を保つようにしましょう。お風呂を最後に使用した人が、軽く壁や浴槽をシャワーで流し、さらに水気を拭き取ることで健康運もアップします。

ヤバい!

バスグッズを床置きにしている

吉　バスグッズを床置きにしない

バスグッズを床に置くのは風水的にはNGです。お風呂の床は、「陰」の気が強い場所です。湿気が多いので、水垢やカビの原因にもなりやすく掃除もしにくくなります。水回りの汚れは、健康運や美容運ダウンにも直結します。バスグッズは吊り下げたり、棚に置くように心がけましょう。また、もしも棚などの備えつけがなかったら、壁面にマグネットでつけられる棚などを上手に利用するとよいでしょう。

浴室 6

ヤバい! 家族で同じバスタオルを使っている

吉 自分専用のバスタオルを

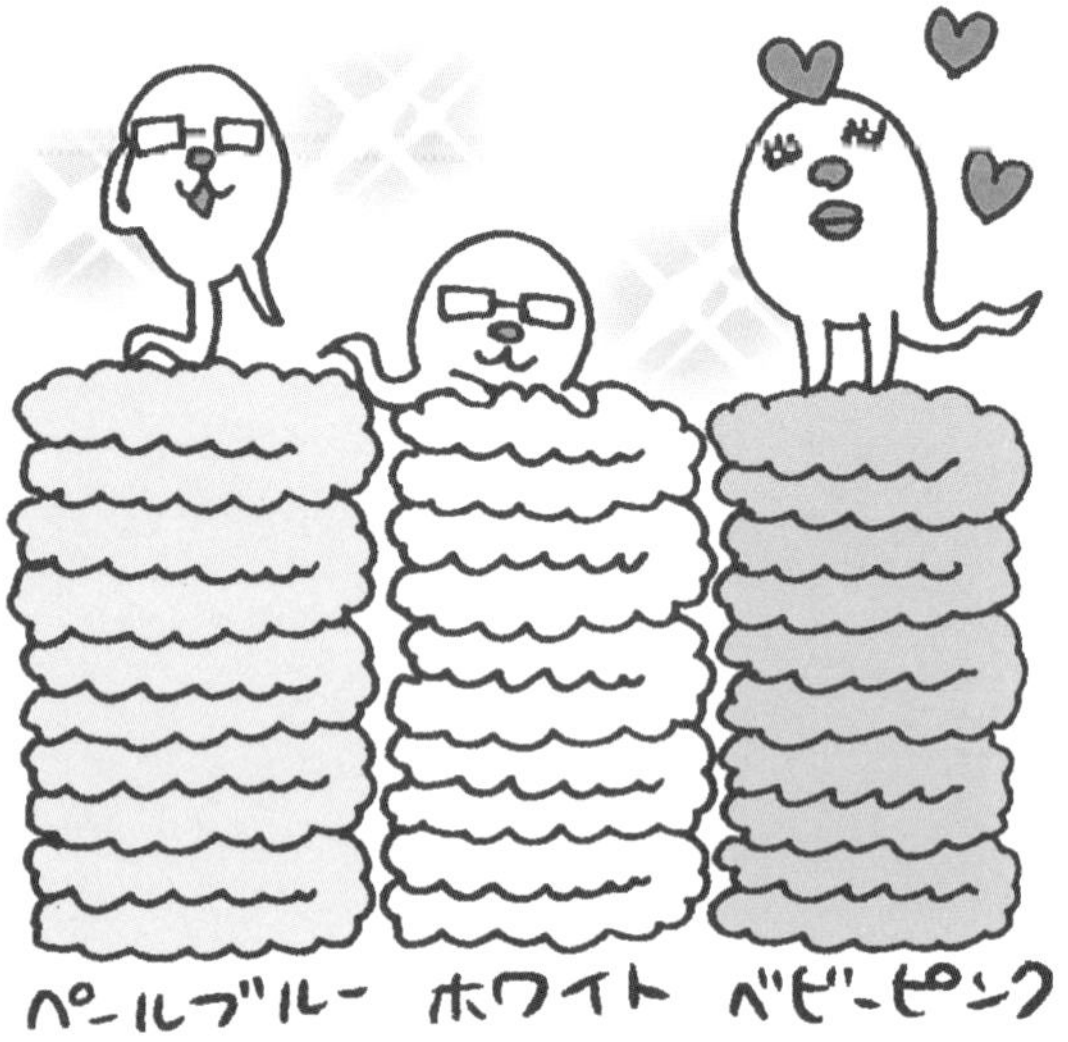

バスタオルは洗うのが大変なので、家族と共有しているというケースがありますが、風水的には一人一人が洗いたてのバスタオルを使うことをおすすめします。タオルは使う人の水気を吸いとってくれるだけではなく、その人についた悪い気までを落としてくれるのです。2日、3日と同じバスタオルを使うのもNG。バスタオルのおすすめカラーは、美容運や健康運を上げたいならベビーピンクやホワイト、ペールブルーがよいでしょう。

キッチン

1

ヤバい！

換気扇のお掃除を何年もやっていない

吉

換気扇のお掃除はまめにする

キッチンの掃除の中でも特に大変なのが換気扇。年末の大掃除にしかやらない人も多いですし、中には何年もやっていないという人もいらっしゃいます。でも実は換気扇は、キッチン全体の空気と一緒に「気」を循環させていくもの。その換気扇が汚れたままだと汚れによる「陰」の気がキッチンに循環してしまいます。年末年始の大掃除だけではなく、定期的に換気扇をお掃除してきれいにしておくのがベストです。

キッチン 2

ヤバい！

ふた付きでないゴミ箱を使っている

吉 ゴミ箱はふた付きのものにする

風水にとってゴミ箱の選び方は大事です。「たかがゴミ箱くらい」と思うかもしれませんが、ゴミ箱から出る悪い気が家の中で充満してしまうと、運勢全体に大きな影響を及ぼすこともあります。特に気をつけなくてはいけない場所はキッチン。生ごみは特に夏場は強いニオイを放つことが多く、必ずふた付きのゴミ箱を選ぶようにしてください。また生ごみ用のゴミ箱は、汚れやカビがつきやすいので定期的にメンテナンスしましょう。

キッチン
3

ヤバい！
キッチンの床を掃除していない

吉
キッチンの床を水拭きする

家の中でも油や水、食材などが落ちやすいキッチンは特に汚れやすい場所。そんなキッチンの床をきちんと掃除していますか？ 悪い気は床に溜まります。床が汚れていくと汚れと悪い気がスリッパの裏について、部屋中に広がってしまう恐れがあります。そして、そんな悪い気を丸ごと落とせるのが拭き掃除。掃除機などでゴミやホコリをとってから、きちっとしぼった雑巾でキッチンの床を拭くことで運気が上昇します。

キッチン
4

ヤバい!
賞味期限切れの食品がたまっている

スーパーの安売りで買ったレトルト食品や買いだめしておいたカップ麺などをしまったまま忘れていて、気づいたら賞味期限が切れてしまっているといった経験はありませんか?

古くなった食材から出る悪い気は、まわりに置いてある食品の良い気を失わせ、健康運に悪影響を及ぼすこともあります。時々食材のストックを見直して、賞味期限が近いものから棚や冷蔵庫の手前側に置くようにして、食材は早めに使い切りましょう。

吉
食材は早めに使い切るように

ヤバい!

ドアの近くにソファーを置いている

吉　ソファーは動線を邪魔しない場所に

リビングの中でも最もくつろげる場所であるはずのソファを、ドアのそばに置いていると、ドアは出入りが多い場所なので心からくつろげなくなってしまいます。もし可能であれば、なるべくリビングのドアから離れたところに置くのがおすすめ。理想を言うとドアの対角線上で部屋全体を見渡せる場所がよいでしょう。ドア正面やドアに背を向けておくのも、ドアから入ってくる気を直接受けてしまうため、疲れやすくなります。

リビング 2

ヤバい!

北側リビングにブルー系のインテリア

北側にリビングがあったり、大きな窓があるといった、北の方向が中心となる家は「陰」の気が強く、冷えやすい環境です。そんな北側リビングを寒色系のブルー系のインテリアにするとますます冷えてしまうことに。「陽」の気を持つ暖色系のインテリアで気のバランスをとりましょう。ただし赤などの強い色を使うと、パワーがぶつかり合うので逆効果。白の混ざったペールピンクや暖色系のボルドーなどが落ち着きます。

吉

北側のリビングは暖色系に

リビング
3

ヤバい！
家具が窓辺を塞いであまり光が入らない

吉
サンキャッチャーを窓辺に置く

風水では窓は気の出入り口とされます。明るくきれいな窓からは良い気が入り、よい人間関係をもたらします。大切な窓辺はなるべく家具などで塞がないようにしましょう。ただし、間取り的にどうしても家具が窓にかかってしまう場合は、光を反射して拡散するサンキャッチャーを窓辺に飾ってみてください。窓辺は時々お掃除していつもきれいな状態に。サンキャッチャーのキラキラした輝きが良い運気を運んできてくれます。

リビング
4

ヤバい！ リビングの四隅にホコリが溜まっている

リビングの四隅や端までしっかりお掃除していますか？　テレビやソファなど大きなものが多いリビングは、部屋の四隅までお掃除がいき届かず気づくとホコリが溜まっている……ということもあるのではないでしょうか？　健康運アップを望むなら、ドライシートなどで拭くようにして、四隅や端の掃除がいき届いていることが大事です。部屋の四隅をお掃除した後は、観葉植物などを置いたり、素敵な絵を飾ったりするのもおすすめです。

吉 部屋の四隅と端は掃除を念入りに

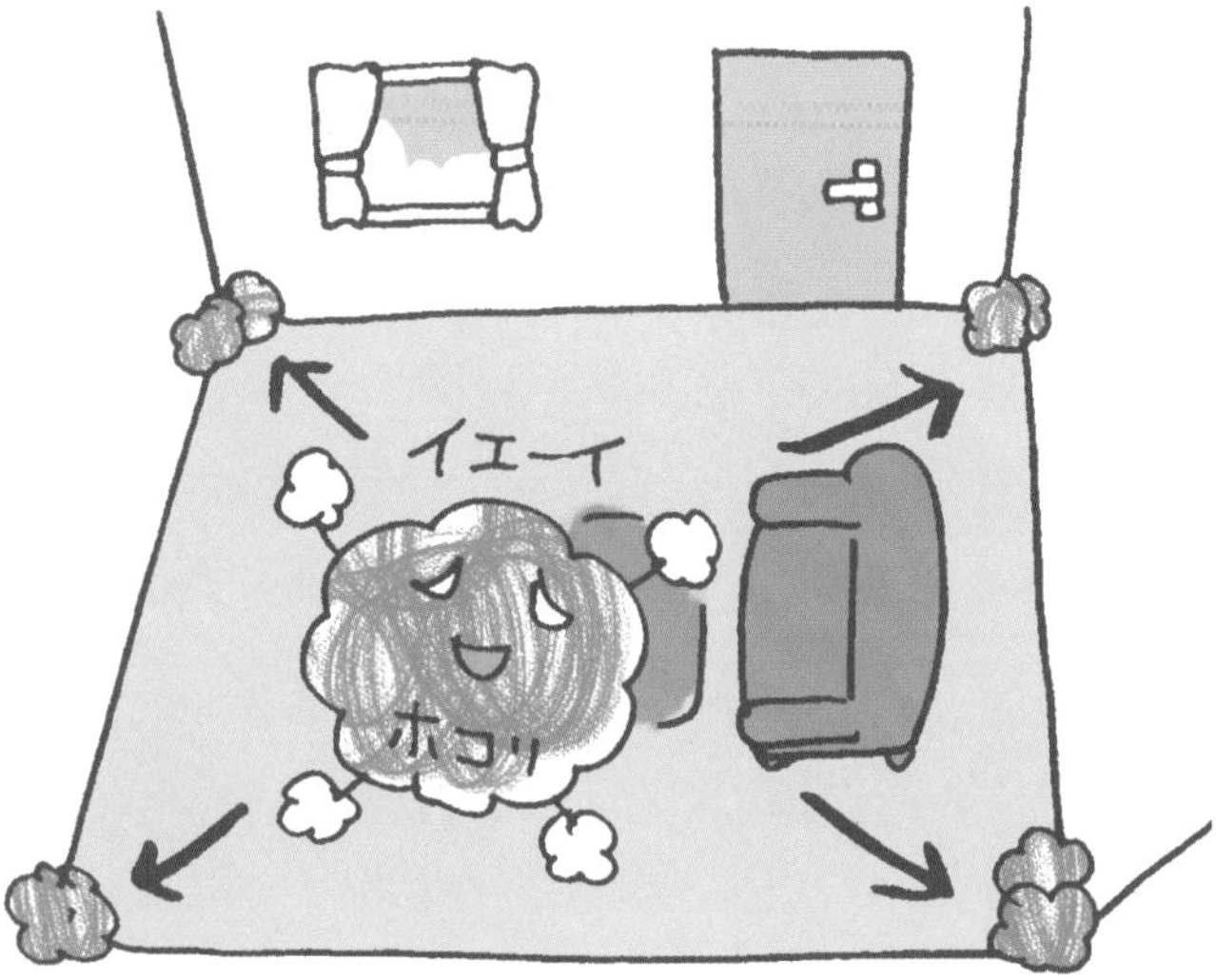

寝室 1

ヤバい!

布団をしばらく干していない

吉 寝具を干してお日様の気を吸収

風水に湿気は大敵ですが、日本は湿気大国でもあります。布は水を吸収するので、布団は寝汗や室内の湿気をたっぷり吸っていています。気がつくとジト～ッと湿っていることも多いでしょう。湿っぽい寝床に寝ていては、良い気が吸収できません。一週間に最低1回は、お天気のいい日に寝具を外に干すようにしましょう。お日様の「陽」の気をたっぷり吸収したほかほかの布団からは、よいエネルギーが吸収できるはずです。

寝室

2

ヤバい!

寝室に大きな鏡があり、寝姿が映る

寝室に鏡を置いている場合、その鏡に自分の寝姿が映るのはＮＧ。自分の寝ている姿が鏡に映ることを「鏡光殺《きょうこうさつ》」といい、風水では凶とされています。寝ている間の姿が鏡に映ることで自分の運気を吸い取られてしまったり、出ていこうとする悪い気が鏡に反射して自分の元に戻ってきてしまいます。ミラーの場所を変えられない場合は、寝るときにはカバーをかけて、寝姿が映らないようにしましょう。

吉

寝室の鏡にはカバーを

寝室

3

ヤバい!

照明がベッドに向かって垂れ下がっている

天井からベッドに垂れ下がるタイプの照明は、体に気が刺さると考えられていて、風水ではあまりよいとされていません。特に先端が尖っているような照明は邪気をはらむとされています。寝室におすすめの照明はサイドテーブルなどに置く小さめのスタンド型。電球は蛍光色ではなく、電球色がおすすめ。手元でオン、オフができてラクですし、あたたかな光が気持ちをリラックスさせて健やかな眠りへと導いてくれます。

吉 小さめサイドテーブルにスタンドがおすすめ

ヤバい!

遮光カーテンで光を遮っている

吉 光を通すカーテンで体のリズムをつくる

朝ゆっくり眠るために、寝室に遮光カーテンをかけているというケースがありますが、朝のお日様からの「陽」のエネルギーを浴びるためにも光をとおすカーテンがベター。その光を受けることで体内リズムも整い、一日のリズムが生まれるのです。遮光カーテンに慣れると朝起きるときも寝室が暗いままで生活リズムが崩れてしまい、健康運にも影響を及ぼします。部屋にほどよく光がこぼれるようなものがよいでしょう。

寝室 5

ヤバい!

ビビッドな色味の寝具を使っている

体を休める寝室のベッドカバーやシーツに蛍光カラーや赤、黄色などの強いカラーを使うのはあまりおすすめできません。健康運アップのためにおすすめなのは、白やアイボリー、淡いベージュなどのソフトな色。白は悪い気を浄化してくれ、リセットする力があるので、睡眠中に疲れをとるのにはとても適した色なのです。ポイントで色を使うなら、枕カバーや足元のマットなどにソフトな色味を足すくらいにしておきましょう。

吉 白やアイボリーなどソフトな色

寝室

6

ヤバい！

スマホ、テレビなど寝室に電化製品が多い

寝室は心と体を休める場所であり、風水では気を吸収するとされています。一方で74ページでも触れましたが、スマホやテレビなどの情報電子機器は気を乱すといった特性を持っています。寝ているときの無防備な状態で乱れた気を受けることで、体や運気に悪影響を及ぼしやすくなります。通知などで音がうるさいスマホも寝室には持ち込まないほうがよいでしょう。寝ることだけに集中できるリラックスできる環境を作りましょう。

吉

寝室に電子機器を置かない

収納 1

ヤバい！

棚に古い書類がぎっしりつまっている

読み終えた雑誌や不要な書類、レシートなど、棚や引き出しにいらなくなった「紙類」がたくさん溜まっていませんか？　紙の原料である木は、五行では成長を表します。なにかで成果を上げていきたいときにその成否に強く働きかけます。ダイエットに成功するというのも目標達成の一つ。いつも挫折してしまう人は、整理整頓が苦手という場合も多いようです。いらなくなったものは捨てて、必要なものはジャンルごとにファイリングしましょう。

吉　書類を整理整頓してダイエットに成功

COLUMN

「健康運」アップのおすすめ習慣

風水プチ知識

足首・手首・首を温めよう

冷えは「万病のもと」と言われています。身体が冷えていると、血流を滞らせてしまい、血流が悪いと運も滞ります。冷えを防ぐには、「首」とつく部分を温めることが大事。特に足首は、冷やしてはいけないパーツです。風水でも邪気は地面や床に溜まるとされていますが、冷えも足元から這い上がってきます。靴下やレッグウォーマーなどで足首をまずはガード。寒い季節は首もストールやマフラーで冷やさないように。

腹式呼吸をとり入れる

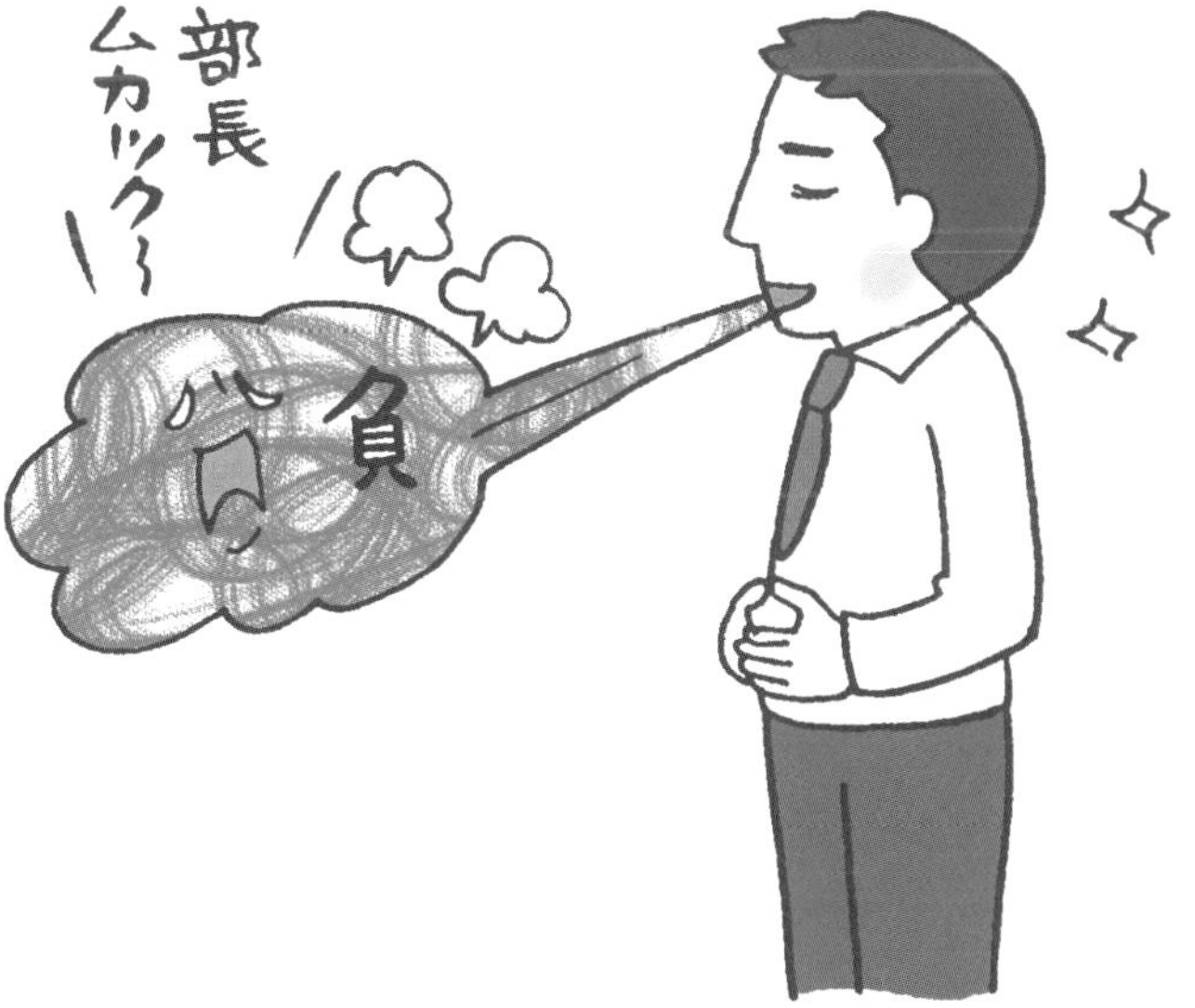

健康運アップで意識さえすればすぐにできる方法が「腹式呼吸」です。人の呼吸には、胸の周辺で呼吸する「胸式」と、腹部で呼吸する「腹式」がありますが、腹式呼吸を行うことで緊張状態がほぐれ心と身体がリラックスしていきます。そうすることで本来の自分らしい落ち着きとやる気をとり戻せるのです。ストレスが溜まったら、お腹に溜まった負の感情を吐き出すようにゆっくりと息を吐いてから、新鮮な空気を思いっきり吸ってみてください。

第5章

恋愛運を上げる

ヤバい!

玄関にのれんがかかっている

吉 ピンクのタッセルで良縁を引き寄せる（女性）

玄関に目隠しのつもりでのれんをかけている家がありますが、のれんは家の中の運気の流れを妨げるためおすすめできません。よい出会い運も逃してしまいます。女性が出会い運を高めたいのであれば、玄関の内側のドアノブにタッセルをかけてみましょう。ただし、恋愛運を高めたいときは黒やネイビーなどのダークカラーのタッセルは避けてください。ピンクやラベンダーなどの明るいパステルカラーがよいでしょう。

玄関

2

ヤバい！

フィギュアや置物を靴箱の上にぎっしり並べている

吉　すっきりとさせて余計なものを置かない（男性）

フィギュアやキャラクター商品などを玄関にたくさん飾るのは、恋愛運の面でよいことではありません。特に男性の場合は、仕事がデキる人ほど異性にモテる傾向があるので、恋愛運を上げること＝仕事運を上げることにつながります。そして仕事運を上げるにはすっきりと余計なものがなく、お掃除が行き届いている玄関が理想なのです。玄関を飾りすぎていたり、余計なものが多い場合は片付けましょう。

浴室

1

ヤバい!

黒や茶色など、暗い色のバスグッズはNG

水気の多いバスルームはもともと「陰」の気を持っています。そこに黒や茶色などの暗いバスグッズを置くと、さらに「陰」の気を増長させることになってしまいます。また暗い色のバスグッズを使うと、カビなどが生えたときにわかりにくいというデメリットもあります。バスグッズは清潔な印象を与えるカラーがおすすめ。最近は100円ショップなどでもおしゃれなグッズを見かけます。恋愛運アップなら、ピンク、ホワイト、アイボリーなどがおすすめです。

吉

ピンクやホワイト、アイボリーのバスグッズ

浴室

2

ヤバい！

爪先まで足を洗っていない

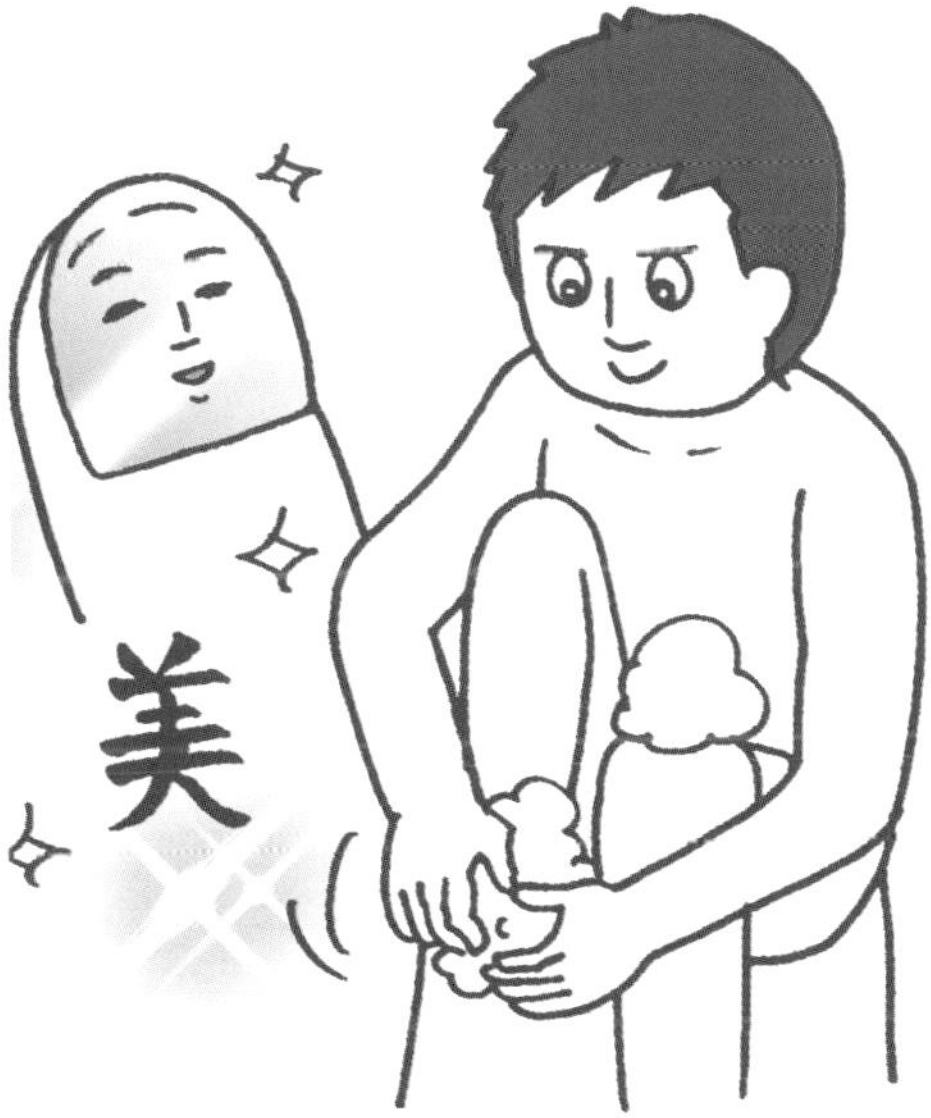

吉

爪先まで足をよく洗う

お風呂で体を洗うときに爪先まできちんと洗っていますか？　運気は爪先から入ると言われています。だからこそ、手の爪、足の爪をしっかりと洗うようにしましょう。恋愛運を高めるためにも爪は大事。爪の間が汚れていたりすると、不潔でだらしのない印象を相手に与えてしまいます。また、足は行動し運を高めるための要となる体のパーツなので、爪まできちんと洗って整えておきましょう。

リビング

1

ヤバい!

ドライフラワーを飾っている

吉 花のお手入れができないならグリーンを

生花のようにお手入れがいらないため、気軽に飾れるドライフラワー。ただ、風水ではドライフラワーは死んだ花と言われ、「陰」の気を持つと考えられています。恋愛運を高めたいなら観葉植物を飾るのはいかがでしょう? 女性にはハート型の葉っぱを持つ「ウンベラータ」という植物がおすすめ。男性には、発展・成長などの運気を司る「バンブー」や「ドラセナ」のように葉が細く縦に成長する植物がおすすめです。

ヤバい!

顔の描かれた絵画や写真をたくさん飾っている

吉 顔の描かれた絵画や写真は3枚までに

顔の映った写真や絵を飾っている人も多いですが、3枚以上あるのなら減らすように。多いと自分が吸収するべき運気を吸い取られてしまうのです。何枚も飾る場合は、目線が正面を向いていないアングルのものにしましょう。視線が合う写真やポスターは、監視されているような気分になってしまいます。また、芸能人が描かれたポスターなどを飾っていると愛情がそちらに向かってしまい、運気がダウンする傾向があります。

寝室

1

ヤバい!

スタイリッシュなモノトーン系の寝室

吉 南西、東南にマゼンタ、パープルのグッズを置く

シックで大人っぽいモノトーンの寝室はお洒落な印象を与えます。ただ、恋愛運にはNG。風水的にはモノトーンは「陰」の気が強いとされていて、特に黒の比率が高いほどその傾向は強まります。ではどのように改善すればよいかというと、部分的に色を使うこと。カバーやスタンド、マットなどで色を加えてみてください。特に恋愛運を高めたいのであれば、南西、東南にマゼンタ、パープルのグッズを置くのがおすすめです。

寝室 2

ヤバい!

ベッドにぬいぐるみや人形を置いている

寝室に人形やぬいぐるみをたくさん置いていると、気づかないうちに自分の気を吸い取られてしまうことがあります。特に枕元にごちゃごちゃとたくさん置いてあると、安眠を妨げしっかりと体と頭が充電されません。また、まめに洗わないとダニの温床などになってしまうことも……。出会い運や恋愛運に恵まれたい人は、ぬいぐるみや人形は処分するかしまうようにしましょう。せっかくの良縁まで逃してしまうことになりかねません。

吉 人形やぬいぐるみを置かずすっきり(女性)

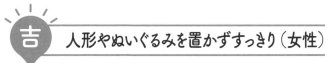

ヤバい!

枕や寝室に髪の毛がたくさん落ちている

枕カバーや床など、寝室は髪の毛が落ちやすい場所です。実は髪には不浄・邪気が宿りやすいと古代から言われています。そんな髪の毛が寝室にたくさん散乱していることで、寝ているときに良い気を吸収できなくなってしまう恐れも。まめに掃除をしてシーツや枕カバーは洗濯するようにして、ホテルのようなすっきりしたベッドルームを目指しましょう。清潔感のあるベッドルームはその人のまとう「気」まで整えてくれます。

吉 小まめに掃除をしていつもきれいに

収納 1

ヤバい！

使っていない古い下着がタンスの肥やしに

吉 古い下着は捨てて自分のお気に入りに一新（女性）

直接肌に身に着ける下着は着る人の運気を大きく左右すると言われています。くたびれたような古い下着を身に着けていると、身に着ける人の「気」も落ちてきて素敵な出会いを逃してしまうことにもなりかねません。下着はお気に入りのものでも消耗品なので、ある程度着たら買い替えるようにしましょう。お気に入りの新しい下着を身に着けていると気分もアップして、きっと素敵な出会いに巡り合えますよ。

吉 昔の恋人にもらったものは処分する（女性）

さようなら!!
歴代彼氏
処分!

ヤバい！ 昔の恋人にもらったものをずっととっておいてある

指輪やネックレスなどのアクセサリー、バッグやスカーフなど、昔の彼にもらった思い出の品。昔の恋人からもらったものには贈った人の「気」が入っています。そしてそれが新しい出会いを遠ざけてしまうことがあります。思い入れもあるかとは思うのですが、新しい恋を見つけたり、今の恋愛をうまくいかせるためには思いきって処分したり、リサイクルに出したほうがよいでしょう。手放すことで新しい運気が入ってきやすくなります。

収納
3

ヤバい！ 旦那さんのクローゼットが奥さんより大きい

吉　ご主人の服は少し整理するように

結婚している方は、ご主人、奥さん、どちらのクローゼットのほうが大きいですか？　一般的には服の種類が多い奥さんのほうのクローゼットが大きい場合が多いように思います。逆にご主人のクローゼットが大きい場合は要注意！風水では夫の部屋やクローゼットなど個人的なスペースが妻や子どもに比べて広いと邪気の入りこむ余地があり、浮気の隙《すき》が生まれるとされています。特にご主人が急におしゃれになったときは、ちょっと気をつけて。

COLUMN
風水プチ知識

男性と女性で異なる

恋愛運アップのグッズはほとんど女性のもの

「金運」「仕事運」などの他の運に比べて、「恋愛運」の場合、男性と女性では方向性が異なります。それは男女それぞれで役割が違うから。今ではだいぶ事情も変わってきてはいますが、もともと男性は女性にアプローチしていく役割を女性は男性を受け入れる役割を持っています。男性は能動的、そして女性は受動的なケースが多いのです。女性は自分になにか起きないかと期待します。だからこそ、恋愛運を高めるグッズは圧倒的に女性のものが多いのです。女性は恋愛運を高めるピンクトルマリンなどを身に着けるのもおすすめです。

恋愛運を上げる風水は

男性はまずは仕事運を上げるのが大事!

P113の玄関の風水でもご紹介しましたが、男性の場合、恋愛運を上げていくためには、仕事運を上げていく必要があります。そして仕事運を上げるためには、空間を装飾するというよりは、すっきりと清掃が行き届いた清潔な空間を維持することがポイントとなってきます。一般的に、結婚をして家具や生活用品などを家庭に持ち込むのは女性が多いですよね。だからこそ、男性はなるべく余計なものは置かず、女性を迎え入れる巣作りをする感覚で空間を整えましょう。第5章の「恋愛運」のページで男女それぞれのおすすめ風水があるのはそういった理由からになります。

第6章

家庭運を上げる

ヤバい 玄関

ヤバい キッチン

ヤバい リビング

ヤバい 寝室

玄関

1

ヤバい！

家族写真を玄関に飾っている

玄関のちょっとしたスペースに家族写真やご夫婦の写真などが飾ってあるお宅を見かけます。ただ、こうした家族の写真は玄関には飾らないほうが無難。玄関は様々な「気」が入ってくる場所で、その中には悪い気も含まれていますので、そうした邪気が写真に写っている人にも影響します。また、こうした写真が多いと良い気を跳ね返してしまうこともあります。家族写真を飾るなら、家族みんなが集まるリビングがよいでしょう。

吉

家族写真を飾るならリビングに

ヤバい！

盛り塩をとり換えていない

吉　お手入れできないなら岩塩を

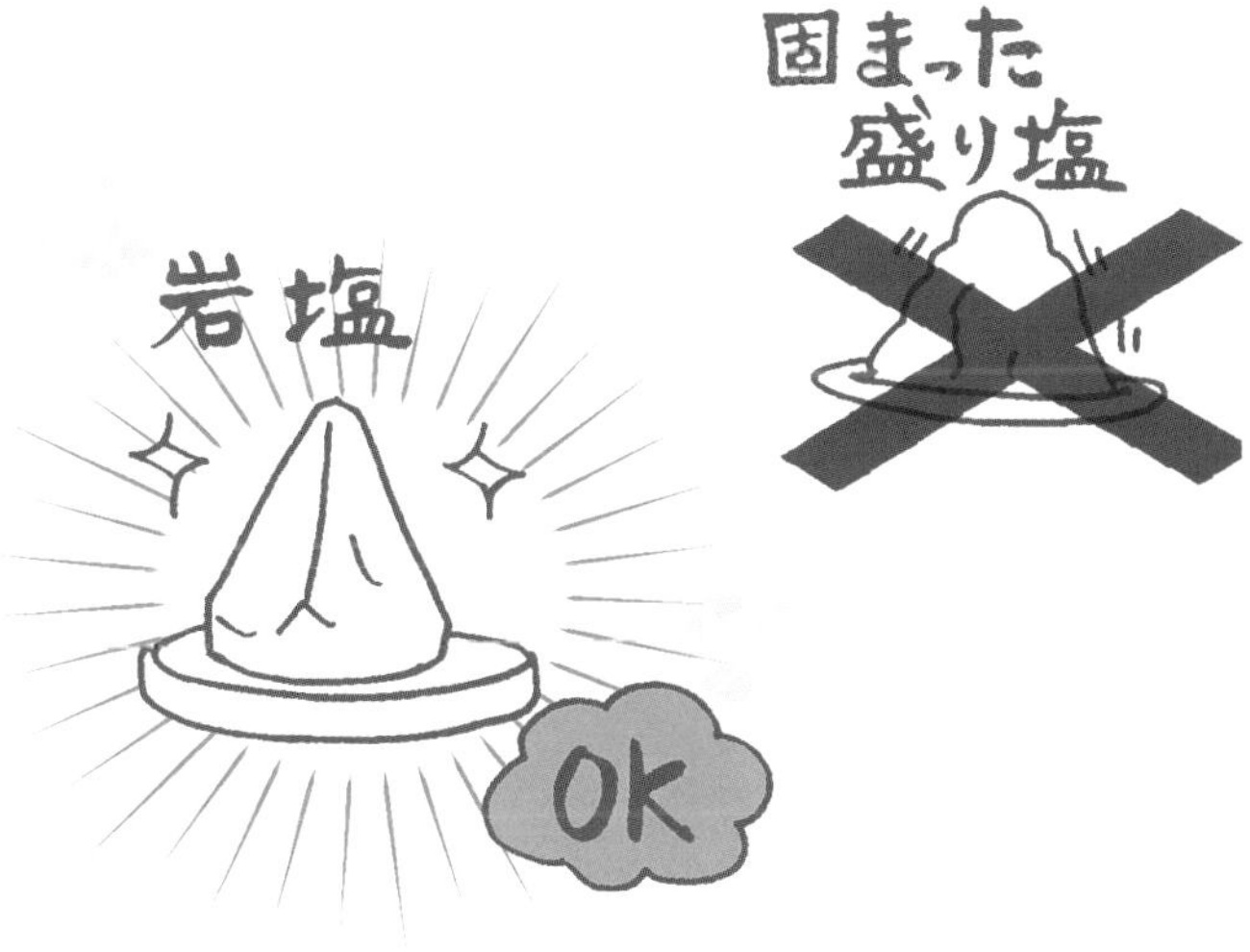

風水では玄関に盛り塩を置くのがよいとされていますが、盛り塩は置きっぱなしのままで、固まってしまったり、水を吸ってベタベタした状態だったりすると、その効果は発揮されません。こまめに新しい盛り塩を用意して、入り口を邪魔しない場所に置くようにしましょう。

また、盛り塩を玄関に置いているけれどお手入れが大変という人は、ピラミッド型や丸型のヒマラヤ岩塩を盛り塩の替わりにを置くのでもＯＫとされています。

玄関

3

ヤバい!

段ボールを置きっぱなしにしている

吉 段ボールを置きっぱなしにしない

ネット通販などの利用増加とともに溜まりがちな「段ボール」。ついつい玄関の隅などに置きっぱなしにしがちです。実は運の出入り口である玄関にはなるべく余計なものを置かないのが基本。特に段ボールは湿気を吸いやすく、湿気などの水気は悪い気を含むので、段ボールが邪気を発するようになります。また、動線を妨げるため、家の中の「気」の循環も悪くなり、良いご縁も入ってこなくなることに。不要な段ボールは早めに処分しましょう。

ヤバい！

冷蔵庫の扉に写真を飾っている

吉　冷蔵庫の扉にはなにも貼らない

写真やスケジュール、メモなど、冷蔵庫の扉にペタペタといろいろなものを貼って、掲示板替わりにしていませんか？　冷蔵庫の扉は風水では玄関と同じように幸福の入り口とされています。良い気が入ってても妨げてしまうので、何も貼らないのが一番よいのです。また、冷蔵庫は「水」の気を持つのに対し、冷蔵庫にメモやお便りを貼るマグネットは「金」の気を持っています。「水」と「金」は性質が相反するものなので、相性がよくないとされています。

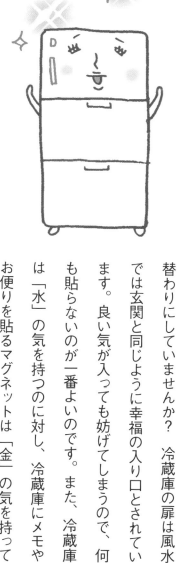

ヤバい!
三角のテーブルを食卓にしている

ダイニングのテーブルが三角というのは、角が鋭角になり邪気を発するためおすすめできません。四角いテーブルも、90度の角がある状態だと「角」が立つものとされ人間関係もぎくしゃくすると風水では考えます。できれば角が丸くなっているデザインがおすすめ。円卓やオーバル型のテーブルもよいです。ただ「角」があるテーブルでも、テーブルクロスをかけて角を隠せば大丈夫。クロスはビニール製は「気」を乱すことがあるので布製にしましょう。

吉 角が丸いテーブルで家族円満

キッチン
3

吉　食材は鮮度を保ち、きれいに収納

ヤバい！

食材を適当に置いている

じゃがいもや玉ねぎなど、冷蔵庫の外に置く野菜をビニールに入れたまま置きっぱなしにしておくのはＮＧ。湿気が溜まりカビが生えてしまうと、野菜から「陰」の気が発生します。おすすめなのは陶器の入れもの。熱が伝わりにくく新鮮さを保てます。また、最近は１００円ショップなどでも見栄えがして、通気性も確保されているような収納グッズがたくさんあります。鮮度を保ち、美しく収納することで、食品の良いエネルギーごとおいしくいただけます。ご自宅に合った収納方法を考えてみてください。

ヤバい!

床や机にものが多い

吉　床や机にものを置かない

リビングをすっきりきれいに保つコツは、お部屋の中でも広い面積をもつ床やテーブルにものを置かないことです。床やテーブルにものを置かなければ、すっきり見えるだけでなくお掃除も格段にしやすくなります。まめに掃除することが苦でなくなるのです。ものが散らかっている状態は、住む人の気が混乱していることを表します。常に整頓しておくことでコミュニケーション力がアップし、家族関係もよくなります。

ヤバい!

家具の下をずっと掃除していない

吉　家具の下までも掃除できる足付き家具

家具の下はお掃除の中でもやりにくい場所の一つ。気がつくと家具の下がホコリでびっしりということもあります。ただ、見えないところでもホコリが溜まっていると「気」がよどみやすくなり、特にリビングは家族全体の運気に影響します。おすすめは家具の下までお掃除できる足付きの家具。さらに足がキャスターになっているタイプだと、家具ごと動かせてお掃除しやすいですね。時々は家具の下までしっかりとお掃除することをおすすめします。

リビング

3

ヤバい!

観葉植物の受け皿に水が溜まっている

吉

観葉植物は根腐れをしないように

リビングに観葉植物を置くことは、家族の結びつきによいとされています。ただし、お手入れのときに水をあげたまま受け皿に水が溜まった状態にしておくことは避けるように。知らず知らずのうちに水を与えすぎているケースを見かけます。鉢などの底にずっと水が溜まった状態だと植物が根腐れしてしまい、やがては枯れて悪い気を発することも!? 植物に水をあげたあとしばらくしたら、受け皿に水が溜まっていないかをチェックしましょう。

ヤバい!

ガラスや金属素材の家具を使っている

吉 植物や生花を飾ったり、天然素材のラグを

ガラスやステンレスやアルミなどの金属素材の家具は、モダンでスタイリッシュな印象を空間に与えます。ただ、風水的に見ると物事をクールダウンさせる「気」を持っています。冷静さを必要とする環境ではよいのですが、家族や夫婦が過ごす部屋としてはクールすぎる雰囲気になってしまうのです。ガラスや金属素材の家具が多い場合は、観葉植物や生花を置いたり、天然素材のラグや小物などを飾ったりすることで、温かい雰囲気をプラスしましょう。

リビング

5

ヤバい! インテリアをずっと変えていない

吉 部屋の模様替えで「気」を活性

インテリアを全く見直さずにずっと同じ状態のまま住み続けると、部屋の「気」もよどみ、活気が失われる傾向があります。今自分が求めているテイストをとり入れてみたり、時代を感じさせる絵や小物を飾ってみたり、時々は大胆にお部屋の模様替えを行ってみましょう。ソファやテーブルなど、そろそろ買い替えの時期といった場合は、新しい大物家具に合わせてインテリアのテイストをがらりと変えてみるのもよいと思います。

寝室 1

ヤバい!

ベッド下にコードや引き出しがある

引き出しがついている収納付きベッドはものを片付ける面では便利なのですが、風水的にはおすすめできません。運気アップには寝るときに質のいい「気」を自分に取り込めることが大事なのですが、その条件の一つに「ベッドの下に不要なものは置いてはいけない」ということが挙げられます。また、ベッド下に電化製品などのコードが通っていると、電磁波の影響を受けやすくなります。ベッド下はすっきり整えた状態にしておきましょう。

吉 ベッド下にはなにも置かない

風水プチ知識

知っておきたい！ 引っ越しするときの開運術

01 感謝を込めてものを捨てる

引っ越しするのはものを捨てるよい機会。使っていないものがあるときは、「これまでありがとう」と感謝を込めて、お別れしましょう。

02 好きなインテリアで新生活をスタート

リセットするよい機会である引っ越しのときは、家具なども思い切って買い替えたほうが運気が上がります。理想の生活にピッタリ合った家具やファブリックを選びましょう。

COLUMN

引っ越して環境を変えることには、人生をリセットするというパワーが秘められています。引っ越しをよい方向に導く開運ポイントをいくつかご紹介します。

03 氏神様にお参り

引っ越しが決まったら、それまで住んでいた氏神様に今まで見守っていただいた感謝のお礼参りを。引っ越しをしたらその土地を守る氏神様にご挨拶をしましょう。

04 家にもご挨拶

引っ越しの前に、玄関で部屋に向かって「これからこの家に住む○○です。よろしくお願いします」と家にもご挨拶を行いましょう。しっかりと声を響かせることで家と共鳴することができます。

第7章

「開運風水」をさらに生かすための心得

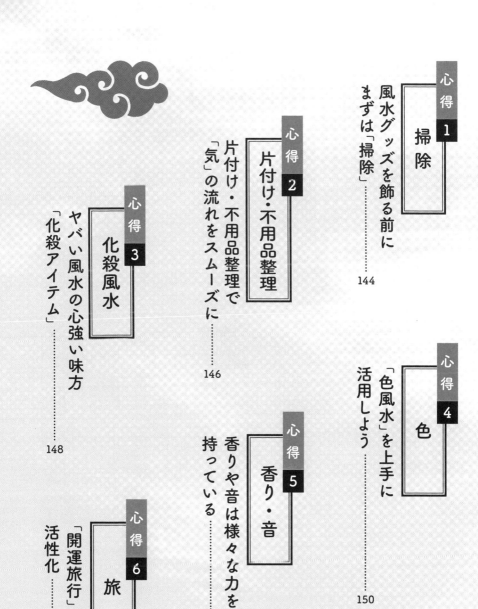

掃　除

風水グッズを飾る前にまずは「掃除」

箒《ほうき》でホコリを払うとお祓いにも

運気別にヤバい風水とそれを解決する方法をご紹介してきましたが、どんな運気でも上げるのに有効だといえるのがお掃除。特に、箒《ほうき》は古くから魔女のお祓い道具という言い伝えがあります。箒や掃除機で部屋に溜まったホコリやゴミと一緒に、悪い気も祓い捨てて空間を整えましょう。お掃除をせずに、風水的に運気が上がるグッズを置いても意味がないということを忘れないでください。

開運風水 心得 ❶

「ついで掃除」なら無理なくきれいが続く

やらなくてはいけないとはわかっていても、ついつい後まわしになってしまうお掃除。時間がない人におすすめなのが、なにかをしたついでにやる「ついでお掃除」。例えばお風呂に入ったら最後の人は水を抜きながら洗剤をふきかけて掃除してから出るようにしたり、トイレに使い捨てのシートを置いておき、入ったついでに便座をお掃除するといった具合で、なにかのついでにお掃除するようにすれば無理なくきれいな空間を維持できます。

片付け・不用品整理で「気」の流れをスムーズに

動線にものは置かないように

片付けとはものが少なくすっきり見える状態だと思っている方もいますが、片付けで大事なのはものがあるべきところにある状態。例えば寝室にテレビやタブレットを置くと安眠の妨げにもなりますし、家の動線である玄関や廊下に、趣味の道具や雑誌などが置いてある状態だと歩きにくいだけでなく気の流れも滞らせます。部屋の用途に合わせて、あるべきものを使いやすく収納することが、本来の片付けなのです。

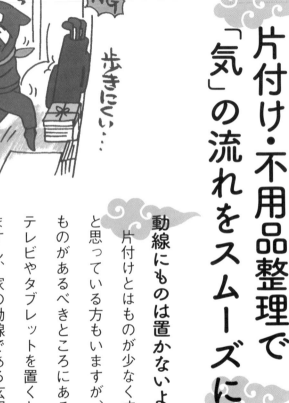

開運風水 心得 2

ものを捨てて気の流れをスムーズに

片付けの際に絶対必要なのが、使わないものを手放すことです。捨てる目安は「2〜3年使っていない」こと。捨てることによって、運気の風通しがよくなるのです。ものを捨てることで、自分がどんなものが好きなのか、何を求めているかもわかってきます。大切に使われているものには命が宿り、そして使う人に幸福を運んできてくれます。今の自分にフィットしたものや本当に好きなものに囲まれて過ごすことは心に充実感を与え、仕事運や家庭運、健康運を上昇させてくれます。

ヤバい風水の心強い味方「化殺アイテム」

殺気を出す形殺を相殺するパワーがあり

化殺アイテムは風水的にヤバい家や間取りなどで殺気を出す形殺を相殺して、良い気に変えていく便利なアイテムです。

①八卦鏡《はっけきょう》…風水では鏡は様々な災難を除《よ》けると言われています。家の横に大きな道路や高速道路、鉄塔や電線があったり、近くにお墓や病院、高い建物があるときにその方角に鏡を向けて設置します。

②八方位除け護符・鎮宅護符…神社やお寺で授かるお札。問題のある方角、気になる方角、玄関ドアの上などに貼ります。

開運風水 心得❸

③**龍神と水晶**…古くから龍神は、財運、人脈運などを招き入れると言われています。龍神の手に水晶がはめられている置き物がおすすめです。東の方向か玄関に飾ります。

④**陰陽五行鉢**…家の陰陽五行を整えるアイテムで乱れた家の気を安定させてくれます。日当たりが悪い、車通りが多い道路が前にある、間取りが多角形といった家に最適です。

「色風水」を上手に活用しよう

「色風水」は手軽に運気アップができる方法です。家具やファブリック、雑貨など、インテリアカラーとして空間の運気を活性化させたり、逆に落ち着かせる効果を持っています。欲しい運気を持つ色をとり入れてみてください。

赤…「火」の気を持つ色で、ものごとを活性化する運気を持っています。積極的に過ごしたいときや、直観力を上げたいときにおすすめ。

黄…黄色は「金」の気を持つ色。金運を上げる働きがあります。事業を成功させたいときや、収入を増やしたいときに積極的にとり入れて。

青…青は水色なら「水」の気を持ち、空色なら「木」の気が強くなります。水色の場合は身体に溜まった悪い気を流してくれます。空色は行動力を後押ししてくれます。

開運風水 心得④

緑…「木」の気を持つ色。木が成長していくように発展、成長などの運気をもたらします。癒し効果の高い色なので、心をリラックスさせ健康運を上げる効果も。

白…浄化の働きを持っていてものごとをリセットしたいときにおすすめです。寝具に使うことで朝目覚めたときに運気をリセットする効果も。

紫…高貴な色です。インスピレーション、霊性などを高めてくれます。淡い紫は気品が感じられる色味なので、まわりの人からの引き立て運も得られます。

桃…愛情を現すピンク色。恋愛運や結婚運を高めてくれる色として知られています。インテリアで使うことで美容運も高めてくれます。

香り・音

香りや音は様々な力を持っている

よい香りで場を浄化する

お香やアロマで香りを楽しんでいるという人も多いと思いますが、香りは部屋の浄化にも適しています。香りは好きなもので大丈夫ですが、アロマなら天然由来の成分が配合されているほうがより癒し効果が高いといえます。また、香りの中でも浄化のパワーが強いのは「白檀《びゃくだん》」（別名サンダルウッド）です。とても上品な香りで心もリラックスします。また、香りを身に着けられるフレグランスも運気アップの強い味方です。

開運風水 心得❺

好きな音楽がパワーを与えてくれる

音楽も一瞬にして空間の「気」を変えるほどのパワーを持っています。好きな音楽を聴くのが一番ですが、シーンに合わせて聴く音楽を変えるのもおすすめ。例えば眠る前は落ち着くヒーリング音楽や波の音などを、朝出勤するときは元気が出るダンス系の音楽やロックをといった具合です。また、場を浄化する音としては神社の参拝のときにも鳴らす、「鈴の音」などが挙げられます。好きな音色の鈴を持ち物につけるのもよいでしょう。

旅

「開運旅行」で運気を活性化

旅行は手っとり早く運気を変える方法の一つ

日常から非日常にトリップできる旅行は、「運活」の一つです。運気を整えるためにも年に一度は旅行に行くことがおすすめです。特に吉方向への旅行は、新しい運気を呼び込むのにも効果的。方位を重視したい方は、九星気学が参考になりますが、流派によって吉方位が異なることもあるので、最終的には自分の行きたいところでよいと思います。自分が心から行きたい場所で、心地よく楽しく過ごすことが運気向上につながります。

開運風水 心得 6

温泉は風水のパワースポット

泉質や効能が異なる様々な温泉が湧きだす日本。温泉は鉱物（金の気）を含む水が地球の熱（火の気）で温まり、地中（土の気）から湧いたものに、入浴する（木の気）、五行が整う習慣です。確かに温泉にゆっくり入ると疲れのとれ方が違い、気分までリフレッシュしますよね。露天風呂や檜風呂、洞窟風呂など、温泉ごとに違った雰囲気を味わった後は、美味しいものを食べて心と体を癒しましょう。

あとがき

運をよくする方法はたくさんありますが、運を加速させる最もよい方法は「積み重ねる」こと。そのためには難しいことよりも、簡単で日常的にできる「習慣」の中から紡いでいくことが大切です。環境心理学でもある風水思想は、「衣・食・住」を整え、習慣を変えていくことで、心を変え、周囲にも変化をもたらしていくことができます。

今や占いとしての風水は、メディアでも多くとり上げられてすっかり身近になりましたが、古くは一部の権力者のみの特権であり、国の政治においても重要な役割を担ってきました。ただ、何千年と時代を経て形を変えてきた風水の教えの根底には今も昔も変わらず「もっとよくなりたい」という人々の強い〝想い〟があります。未来は常に不確定で、だからこそ不安を解消しようと思うのは、これだけ科学技術が発展しても変わらないのです。

風水・家相は、「運」を啓《ひら》くための吉凶を知り、「対策」を担う役割を果たしていますが、全てをやるには限界があると思います。たとえば、「トイレは〝陰〟の気を持つから室内ではなく屋外に設置せよ」、「庭に池を作り錦鯉を飼うとよい」という教えがあっても、現代の一般的なお宅では実践することは不可能でしょう。

そんな古代風水の「易経・陰陽・五行」のベースとなる思想はぶれさせず、現代の日常生活の中にとり入れられて、かつ初心者の方でも今日から実践できるものを厳選し、まとめたものが本書ではないかと思います。これをきっかけに、風水家相に興味を持たれたら、ぜひ今後の引っ越し、家選び・家づくりのために風水の応用編である地理風水や八宅風水なども学んでいただけたら、さらに嬉しいです。

愛新覚羅　ゆうはん

P L O F I L E

愛新覚羅ゆうはん

あいしんかくら・ゆうはん

作家・デザイナー・開運ライフスタイルアドバイザー（占い・風水）

中国黒龍江省ハルビン市生まれ。映画「ラストエンペラー」で知られる清朝の皇帝・愛新覚羅一族の流れをくむ。5歳のときに来日し、後に幼少期から備わっていた透視能力に加え、タロットや占星術なども生かし別名で占い・風水師デビュー。当初鑑定していた医療・教育関係者の間で話題となり、15年で延べ20,000人以上を鑑定（2019年時点）。「人と運」の関係性を独自に研究しながら行っている中小企業向けの講演会や暦を活かしたセミナー、神社アテンドのイベントは全国で満員が相次ぐ。2021年より陶器上絵付け作家として国立新美術館で作品展示をするなど、多岐にわたって活動をしている。

著書に『いちばんやさしい風水入門』（ナツメ社）、『お金の引き寄せ方は魂だけが知っている』（日本文芸社）、『腸開運』（飛鳥新社）、『人生が変わる！住んでイイ家ヤバい家』（日本文芸社）などがある。累計発行部数13冊20万部超（2023年時点）。

公式コンテンツリスト

愛新覚羅ゆうはんの公式ホームページ
https://aishinkakura-yuhan.com/

愛新覚羅ゆうはんの開運オンラインショップ
http://yuhan.shop-pro.jp/

愛新覚羅ゆうはんの公式 Ameba ブログ
https://ameblo.jp/yuhan28/

愛新覚羅ゆうはんの「開運風水占い」Youtube チャンネル
https://www.youtube.com/@AishinkakuraYuhan

愛新覚羅ゆうはんの開運アパレル「Ryujyu ～龍樹～」
https://www.ryujyu.net/

愛新覚羅ゆうはんの公式サイト・お得な情報はこちら
リンク先：https://lit.link/aishinkakurayuhan

【著者】

愛新覚羅《あいしんかくら》ゆうはん

中国黒龍江省ハルビン市生まれ。映画「ラストエンペラー」で知られる清朝の皇帝・愛新覚羅一族の流れをくむ。5歳のときに来日し、後に幼少期から備わっていた透視能力に加え、タロットや占星術なども生かし別名で占い・風水師デビュー。当初鑑定していた医療・教育関係者の間で話題となり、15年で延べ20,000人以上を鑑定(2019年時点)。「人と運」の関係性を独自に研究しながら行っている中小企業向けの講演会や暦を活かしたセミナーや神社アテンドのイベントは全国で満員が相次ぐ。2021年より陶器上絵付け作家として国立新美術館で作品展示をするなど、多岐にわたって活動をしている。
著書に『いちばんやさしい風水入門』(ナツメ社)、『お金の引き寄せ方は魂だけが知っている』(日本文芸社)、『腸開運』(飛鳥新社)、『人生が変わる!住んでイイ家ヤバい家』(日本文芸社)などがある。累計発行部数13冊20万部超(2023年時点)。

【STAFF】

編　集……………濱田麻美
デザイン…………浜田哲郎(ジングラフィックス)
イラスト…………藤井昌子
校　正……………有限会社玄冬書林

眠《ねむ》れなくなるほど面白《おもしろ》い
図解《ずかい》　ヤバい風水《ふうすい》

2023年2月10日　第1刷発行
2024年11月10日　第5刷発行

著　者　　愛新覚羅《あいしんかくら》ゆうはん
発行者　　竹村　響
印刷所　　TOPPANクロレ株式会社
製本所　　TOPPANクロレ株式会社
発行所　　株式会社日本文芸社
〒100-0003　東京都千代田区一ツ橋1-1-1　パレスサイドビル8F

Printed in Japan　112230125-112241101Ⓝ05　(300062)
ISBN978-4-537-22064-3
URL：https://www.nihonbungeisha.co.jp/

(編集担当：菊原)

乱丁・落丁などの不良品、内容に関するお問い合わせは
小社ウェブサイトお問い合わせフォームまでお願いいたします。
ウェブサイト　https://www.nihonbungeisha.co.jp/